猪肉加工企业质量安全可追溯行为及绩效研究

——来自浙江、江西两省的实证研究

叶俊焘　著

中国农业出版社

本书为作者主持的2012年浙江省社科联研究项目“食品安全监管中的企业行为研究——以质量安全可追溯建设为切入点（2012B108）”和2012年杭州市哲学社会科学规划项目“建设食品安全城市背景下的企业质量安全可追溯行为研究——以猪肉为例（B12YJ22Q）”的研究成果。

序　言

人类从农耕时代步入现代社会，食用农产品（食品）一直伴随其中，它是人与自然界物质和能量交换的主要载体，人类借此吸入大自然精华，实现生存、进化和繁衍。如果说农耕时代的食用农产品（食品）更多地是满足人类基本生理需求，建立在私有制为基础上并实现复杂商品交换的现代工业社会中，食用农产品（食品）则融入了较多社会属性，现代工业化的社会大生产以分工为前提，食用农产品（食品）的生产主体由农耕时代自己自足的小农户逐步转化为具有商业头脑的个人或产业部门，这一转化使人类多样化的食物需求得以满足，同时还增加社会财富，促进经济发展，任何经济个体、组织乃至社会管理者均乐此不疲地参与其中。当人类对社会化大生产模式大加赞赏的时候，不经意间忽略了这一高效运作模式对于商品社会的普适性，越来越多的人发现，食用农产品（食品）较之其他商品有其特殊性，即后来著名经济学家 Nelson 所说的信用品特征，信用品特征本质是由质量安全信息不对称引起的，生产和消费的分离加剧了食用农产品（食品）这一典型信用品的危害性，少数生产者利用道德失范行为从中谋取暴力而不必受到惩罚，而普通大众却必须为问题食用农产品（食品）所带来的福利损失（包括健康和财富损失）买单，作为第三方政府由于缺乏有效质量安全信息供给，致使其管制显得苍白无力，这些构成了食用农产品（食品）安全问题。毫不夸张地说，从人类社会步入工业时代开始，食用农产品（食品）安全问题就一直萦绕在人们周围，成为挥之不去的魔咒。随着农业技术、食品科学和贸易全球化的发展，引发食用农产品（食品）安全的因素也日益增多，食用农产品（食品）安全问题愈加复杂，甚至一度演变为“生物恐怖主义”（如疯牛病等），时刻都在触动人类日益敏感的神经，世界各国，尤其是发达国家均在不懈探索食用农产品（食品）安全问题治理的有效途径，以期提高人类福祉。

中国作为世界上最大的发展中国家，在全面建成小康社会宏伟蓝图的指引下，各项事业蓬勃发展，广大人民群众对食用农产品（食品）的需求正由“量”的满足逐步过渡到“质”的提升，我国政府长期以来也一直高度关注食用农产品（食品）安全问题，2007—2013 年，连续七年的中央 1 号文件均从不同角度对食用农产品（食品）安全提出了新要求。尽管如此，当前我国食用农产品（食品）安全问题仍较突出，各类食用农产品（食品）安全事件层出不穷，成为民生问题之首，也是多年

“两会”热议话题，究其原因，主要与转型时期我国经济社会一系列陈旧的体制机制（如生产方式、监管模式、道德上水平等）息息相关，由此可见，我国食用农产品（食品）安全问题的治理不可能简单停留在技术层面，更需要引入经济、管理等社会科学的研究成果。此外，改革开放30多年，我国经济社会形成了与发达国家存在显著差异的独特发展方式，因此，食用农产品（食品）安全问题的治理注定不能复制发达国家成功经验，必须在借鉴吸收的基础上探索建立符合我国国情的食用农产品（食品）安全治理的长效机制。本书也正是以此为出发点，在当前我国食用农产品（食品）安全问题所面临的体制机制约束下而开展的本土化研究。

学生叶俊焘是我和周洁红教授合作培养的博士，其从硕士阶段开始就一直致力于食用农产品（食品）安全管理的研究，并延续至今。作为青年科研人员，叶俊焘博士兼具食品科学和农业经济的研究背景，科研工作中踏实认真、勤于思索、大胆创新，在攻读博士期间就曾受到教育部人文社会科学基金等的资助，并发表了许多高价值的学术论文。该专著是他多年以来潜心研究的成果，主要贡献在于选取猪肉这一最为大众化的食用农产品（食品）为研究对象，以当前我国猪肉供应链为背景，提出加工企业是其质量安全管理的核心主体，并对其经济性进行了科学论证，以此为基础，完成了对猪肉加工企业质量安全可追溯行为，运作绩效和后向控制绩效的分析，得出了富有价值的研究结论，并据此形成加强我国猪肉质量安全管理的政策建议；主要创新之处在于构建交易费用经济学框架对猪肉加工企业质量安全可追溯行为进行实证，建立委托代理模型并引入产业技术数据对猪肉加工企业质量安全可追溯行为的后向控制绩效展开分析，这其中涉及了农业经济学与农业科学、食品科学的交叉，该研究范式也将成为我国食用农产品（食品）安全管理研究领域的有益借鉴。这本著作是叶俊焘学术生涯的开端，希望他在未来的学术道路上继续努力，不断进取，在现代农业发展领域取得更大的成就。

浙江大学管理学院副院长
博士生导师　钱文荣

2013 年 10 月于浙大紫金港

摘　　要

我国是猪肉生产和消费的大国。猪肉是我国居民日常生活最主要的肉类食品，其质量安全备受关注。尽管我国各级政府不断加强对猪肉及相关产品的监管，但猪肉质量安全问题仍层出不穷，严重威胁广大人民群众的身心健康，也极大阻碍了我国猪肉产业的健康发展，成为民生问题之首。

质量安全可追溯是迄今为止最有效的食品安全管理方法，在欧美等发达国家中广泛应用。我国现行猪肉供应链结构和产业政策决定了加工企业是质量安全管理的核心主体，作为典型经济组织，其质量安全可追溯行为的实施和绩效提升对猪肉供应链质量安全管理具有决定性作用，并成为促进猪肉质量安全可追溯体系建设，提高猪肉供应链质量安全管理水平的关键。但实践中，猪肉加工企业的核心作用并未凸显，质量安全可追溯也并未发挥应有作用。

鉴于此，本研究聚焦猪肉加工企业质量安全可追溯行为和绩效，研究目的、理论和实践意义在于系统揭示猪肉加工企业质量安全可追溯行为及绩效产生、发展和演化的机理，从理论上探索和构建与我国猪肉供应链相适应的质量安全可追溯体系的发展模式，激励、监督机制和治理结构，提出改善我国猪肉及产品质量安全的政策建议。主要研究内容、研究方法和创新性成果如下：

第 1 章导论。提出研究问题，总结发达国家肉类供应链质量安全可追溯体系建设的经验，界定基本概念，阐述研究目标、内容及意义，确立框架结构和研究方法，陈述数据来源和研究设计，以及主要创新之处。

第 2 章理论基础与研究综述。对质量安全可追溯理论、农产品供应链管理理论、食品安全管理理论、交易费用产业经济学理论和委托代理理论进行简要回顾，在此基础上，对质量安全可追溯行为及绩效的国内外研究进行系统梳理和综述。

第 3 章我国猪肉加工企业质量安全可追溯建设情况及关键问题。借助有关我国猪肉供应链及其质量安全管理的文献资料，结合专家访谈和实地调研，推导出加工企业成为我国猪肉供应链质量安全管理核心主体的经济合理性和必然性；从管制要求和实践效果两方面探究我国猪肉加工企业质量安全可追溯建设情况，揭示出质量安全可追溯行为供给不足和绩效低下的关键问题。

第 4 章猪肉加工企业质量安全可追溯行为研究：一个扩展的交易费用框架。从交易费用产业经济学中的纵向协作理论出发，构建一个扩展的交易费用分析框架，利用浙江、江西两省 143 家猪肉加工企业的调研数据，引入 Ordinal Logit 模型和调节效应对猪肉加工企业质量安全可追溯行为的发生、演化机理展开实证研究。结果显示，专用性资产投资水平在上下游组织质量安全不确定性、政府监管和消费者质量安全需求的不确定性、企业能力和业务类型等交易费用和非交易费用因素的调节作用下正向影响企业质量安全可追溯行为水平。

第 5 章猪肉加工企业质量安全可追溯的运作绩效研究。借鉴前人研究，构建猪肉加工企业质量安全可追溯运作绩效的成本收益框架，借助因子分析和聚类分析识别出供应链改善型、市场实现型和匮乏型三种运作绩效模式；进一步利用调研数据实证分析企业内外部环境因素对运作绩效的影响，发现产业政策执行情况、企业决策者食品安全意识、质量安全成为企业战略的情况和企业对上下游组织的控制力对运作绩效起到了显著正向影响，而产业集中度、品牌和信任水平对运作绩效则具有显著负向影响。

第 6 章猪肉加工企业质量安全可追溯的后向控制绩效研究。通过构建猪肉加工企业与养殖户间的委托代理模型，引入猪瘟疫苗控制技术数据实证分析猪肉加工企业质量安全可追溯后向控制绩效。结果显示，后向控制绩效必须结合条件支付计划才能实现，企业在支付价格、追溯系统成本和问题产品损失间进行平衡，以此获取绩效并选择一个合理追溯水平；进一步通过灵敏度分析实证研究后向控制绩效的影响因素，发现养殖户风险规避系数，养殖户质量安全行为对企业造成损失，企业追溯成本和养殖户质量安全行为成本显著影响后向控制绩效。针对杭州五丰联合肉类有限公司的案例分析对之前结论提供了有力证明。

第 7 章研究结论与政策建议。系统总结本研究的结论，在此基础上提出相关政策建议，并对今后研究进行展望。

关键词： 猪肉加工企业；质量安全可追溯；行为；绩效

Abstract

China is a large country of producing and consuming pork. Pork is the most main meat food in the residents' daily life, and its quality and safety is attracting much attention. Although Chinese government is continuouly strengthening the supervision of pork and pork products, the crisis of pork quality and safety still emerges in an endless stream. The crisis threats the people's mental and physical health severely, and becomes great barrier to the development of pork industry. So it turns into the first livelihood issue.

Traceability of quality and safety is the most effective management tool of food safety to this day. It is used extensively by developed countries in Europe and America. The structure of Chinese pork supply chain and industrial policy makes the processing plants become the core subject in pork quality and safety management. As the typical economic organization, the implementation of the traceability behavior and the promotion of the traceability performance of quality and safety are crucial in quality and safety management of pork supply chain, accelerating the development of pork quality and safety traceability system, and increasing the level of quality and safety management of pork. But in practice, the central role of pork processing plants is not prominent, and traceability of quality and safety don't play a due role.

In view of this, the research focuses on the traceability behavior and performance of pork processing plants. The purpose and significance include: enriching and developing the economic theory of quality and safety traceability of agi-food, exploring and fostering the model, mechanism and governance structure of Chinese pork quality and safety traceability system, and presenting the policy suggestions. The main research content, research methods and innovation achievements are as follows:

Chapter 1 is Introduction, in which the issue is put forward. The successful experience of the developed countries on quality and safety traceability system of meat supply is summarized; the basic concepts are defined; the research purpose, content and significance are stated; the framework and method are established, and the data sources, research designing, innovation and weakness are declared.

Chapter 2 is Theory Foundation and Research Summary, in which some theories such as quality and safety traceability, agri-food supply chain management, transaction cost industrial economics and principal-agent, are briefly reviewed. On this basis, the domestic and foreign research on traceability behavior and performance of quality and safety are summarized.

Chapter 3 is The Development and Key Problems in Quality and Safety Traceability of Chinese Pork Processing Plants. In this chapter, the rationality and inevitability that the pork processing plants become the core role in quality and safety management of Chinese pork supply chain are inferred, which based on some literatures, the expert interview and field investigation. In view of the surveillance requirement and practice effect, the research explores the development of quality and safety traceability of Chinese pork processing plants, and reveals some key issues such as insufficient behavior supply and low performance.

Chapter 4 is the Study of Quality and Safety Traceability Behavior of Pork Processing Plants—A Extended Transaction Cost Frame. In this chapter, according to Vertical coordination theory, the study builds a extended transaction cost frame to analysis the quality and safety traceability behavior of pork processing plants, on the basis of 143 pork processing plants' data from Zhejiang province and Jiangxi province. The result shows that asset specificity of plants affect the level of quality and safety traceability behavior positively, in which uncertainty from the upstream and downstream organizations, consumers and government, as well as plants' capabilities and business type are moderators.

Chapter 5 is the Study of Traceability Operation Performance of Pork Processing Plants. In this chapter, consulting previous research, the study which builds a cost-benefit frame of traceability operation performance of pork processing plants, with the help of Factor and Cluster analysis, distinguishes difference model such as supply chain improvement, market realization and dearth. Further, the study analysis the effect of internal and external environmental factors on traceability operation performance, the effect of degree of industrial concentration, industrial policy, consciousness of food safety, strategy and control is positive, but the effect of brand and trust is negative.

Chapter 6 is the Study of Traceability Backward Control Performance of Pork Processing Plants. In this chapter, the study builds principal-agency model between pork processing plant and peasant household, using hog cholera vaccine data, analyizing traceability backward control performance of pork processing plants empirically. The result shows the acquirement of backward control performance must combine with payment plans. Plants gain performance and choice traceability level by way of equilibrium among price, traceability and damage. With help of sensitivity analysis, the influent factors of backward control performance are studied, the effect of coefficient of risk aversion of peasant household, damage to plants because of peasant household's quality and safety management, traceability cost of plants and peasant household's quality and safety behavior cost are significant. The case analysis confirms the result.

Chapter 7 is Conclusion and Policy Suggestion. In this chapter, the conclusion is summarized, and some policy suggestions are commended. Finally, the follow-up research is prospected.

Key words: pork processing plants; quality and safety traceability; behavior; performance

目　　录

第1章 绪　论

1.1 问题的提出

由于营养特性及传统饮食习惯，一直以来，猪肉都是我国居民餐桌上最主要的食品。改革开放以来，猪肉产业得到了迅猛发展，我国已成为猪肉生产和消费大国，2010 年我国生猪存栏达 45 380 万头，猪肉产量达 5 070 万吨，人均年消费猪肉超过 38.3 千克，居世界首位①。随着食品经济的发展和人民生活水平的提高，猪肉消费已完成了“量”的满足，正向“质”的提高过渡。遗憾的是，尽管各级政府出台了许多法律、法规及政策，各类生产组织也开展了质量安全管理实践，但猪肉安全事件时有发生（周洁红，2005）。2011 年伊始，多家媒体相继报道我国最大的肉类加工企业——双汇集团生产含“瘦肉精”的猪肉及产品，多人食用含“瘦肉精”的猪肉引起身体不适，产品价格直线下滑，销量锐减，直接经济损失超过 200 亿。猪肉安全事件不仅严重危害消费者身心健康，引起巨大社会恐慌，也极大阻碍我国猪肉产业健康发展，同时影响社会稳定，成为民生问题

① 根据国家统计局、农业部和商务部提供的生猪养殖、猪肉消费数据综合而得。

之首。

食品安全问题来源于信息不对称，解决食品安全问题的关键在于增强信息透明度，通过优质优价的激励机制或明确责任的潜在惩罚机制使生产、经营者提高质量安全管理水平（Golan，2003；Pettitt，2001；Monteiro 等，2004；王秀清等，2002；周德翼等，2002；伍建平，1999）。质量安全可追溯通过在供应链上揭示和共享信息，消除信息不对称来解决食品安全问题，欧美等发达国家普遍利用它来实现食品安全管理。我国于 2004 年开始针对猪肉建立质量安全可追溯，一定程度上遏制了猪肉安全事件高发；但总体上看，我国猪肉质量安全可追溯的研究和实践仍缺乏合理性，并未从根本上杜绝猪肉安全事件发生，主要体现在：①目前我国猪肉安全问题大多出于源头小农户机会主义和道德风险行为（孙世民等，2011），质量安全可追溯的研究和实践较多聚焦于农户。而我国小农经济模式下农户弱小且生产极度分散，现代化程度低，加上质量安全可追溯的高投入和复杂性，决定了小农户无法也无力真正履行这一食品安全管理工具，同时政府的推进和监管也因小农户分散而效力低下。②部分质量安全可追溯的研究和实践借鉴发达国家经验，聚焦供应链下游大型零售商，如超市等，寄希望通过大型零售商主导建设质量安全可追溯，借助价格杠杆实现猪肉质量安全压力的后向传导，提高整个供应链的质量安全水平。但由于我国零售业发育不健全，集中度低，鲜有实力强大的零售商，加上我国猪肉供应链结构复杂，猪肉消费大多集中于农贸市场等原因，致使质量安全可追溯不可能像发达国家那样发挥作用。

现行产业政策下，猪肉加工企业实力不断增强，日益成为供应链的核心主体；同时猪肉加工企业处在供应链唯一物流和信息流的共同收敛点，其实施质量安全可追溯，不仅存在规模经济性，也使信息获取并共享，问题产品处理和政府监管变得更容易，还可有效影响和带动上下游组织的质量安全行为，提高整个供应链的质量安全水平，应成为猪肉供应链质量安全可追溯建设的主导。这一点得到了发达国家成功经验的印证，同时也取得了国内外学者的普遍认同（Golan，2004；Hobbs 等，2004；孙世民等，2011）。遗憾的是，当前我国猪肉质量安全可追溯研究仍较少关注加工企业，而实践中，建设质量安全可追溯并真正发挥作用的猪肉加工企业则少之甚少。

鉴于质量安全可追溯控制猪肉质量安全的有效性，加工企业在猪肉供应链中的核心地位及在猪肉质量安全可追溯体系建设中的主导作用，猪肉加工企业作为典型经济组织，如何激发其有效实施质量安全可追溯行为，如何通过质量安全可追溯的建设提升绩效，成为当前促进猪肉质量安全可追溯体系建设，提高猪肉供应链质量安全管理水平的关键。本研究将在前人研究基础上，通过对当前我国猪肉供应链结构和质量安全管理状况、猪肉加工企业质量安全可追溯建设现状的剖析，找出关键问题。利用经济学和管理学相关理论和方法，基于农产品供应链管理和交易费用产业经济学等理论探索猪肉加工企业质量安全可追溯行为的发生机制，进一步借助成本收益、委托代理模型和案例分析揭示企业质量安全可追溯运作绩效和后向控制绩效的形成和变化机理，相关成果将为我国猪肉加工企业质量安全可追溯实践，促进猪肉供应链质量安全可追溯体系建设，最终实现安全猪肉有效供给提供有益的理论和政策支持。

1.2 发达国家肉类供应链质量安全可追溯体系建设的经验

发达国家较早在肉类供应链上利用质量安全可追溯体系实现对产品质量安全的控制和管理，并在实践中积累了许多宝贵经验，对我国猪肉供应链质量安全可追溯体系建设具有重要的借鉴意义。以下选取肉类产业较为发达的美国、欧盟、澳大利亚、丹麦和日本等为对象，简要介绍其在肉类供应链上利用质量安全可追溯体系进行质量安全管理的经验。

1.2.1 美国

美国肉类供应链质量安全可追溯体系的建设源于2002年由国会通过的《生物性恐怖主义法案》和由食品和药物管理局发布的《食品安全跟踪条例》的规定，要求肉类供应链上所有从事加工、运输、配送和进口的企业在2006年底以前必须建立质量安全可追溯体系，保证生产的全程记录。《2009年食品安全加强法案》又对质量安全可追溯体系建设的要求做了修正和加强。美国肉类供应链质量安全可追溯体系的监督和管理归属食品安全和检验局，并实行垂直管理，避免了管制真空和重复。美国肉类供应链质量安全可追溯体系主要包括农业生产环节的质量安全可追溯体系、包装加工环节质量安全可追溯体系和运输销售环节质量安全可追溯体系，同时规定了不同环节质量安全可追溯体系必须揭示的信息容量和范围[1]。此外，一些先进的信息技术，如电子耳标、RFID 技术、DNA 芯片也被广泛应用。

总体上看，由于美国肉类供应链的组织化程度很高，大多由企业组织构成，因而针对企业强制推进的质量安全可追溯体系基本涵盖了肉类供应链的所有环节，政府仅为强制性质量安全可追溯体系设立基础性标准，并鼓励企业在满足基础标准外，自愿建立更高水平的质量安全可追溯体系来提高产品在市场上的竞争优势，自愿性质量安全可追溯体系通过政府授信的第三方独立机构予以认证和监督。因此，美国肉类供应链质量安全可追溯体系的建设仍由市场主导，这点与欧盟形成了较为明显的差异。

1.2.2　欧盟

欧盟被公认是最早利用质量安全可追溯体系进行食品安全管理的地区，随着 1997 年疯牛病的大面积暴发，欧盟开始以法律的形式强制要求所有食品生产经营者建立质量安全可追溯体系[2]，并于 2002 年成立了欧洲食品安全管理局，负责监督和管理。欧盟非常注重肉类产品的质量安全，为在肉类供应链（主要是牛肉供应链）中深入推进质量安全可追溯体系建设。欧盟以法律或者强制标准的形式规定了各环节所涉及单位和个人的责任，具体包括：在肉类生产、加工和分销的所有环节都

---

① 对信息容量和范围的规定主要来源于美国食品和药品管理局制定的《记录建立和保持的规定》、《生产设施注册及进口食品运输前通知的规定》和《管理型扣留的规定》等法规。

② 这里所指的法律主要是欧盟分别于 2000 年和 2002 年颁布的《食品安全白皮书》和《食品基本法》

应按照相应标准建立质量安全可追溯体系；所有经营者应通过质量安全可追溯体系形成识别所有肉类供应链上的人和物的程序；肉类供应链的所有参与者都应建立质量安全可追溯的文件管理体系。同时欧盟还要求处于肉类供应链各个阶段的生产商或经营者必须了解其前一阶段和后一阶段的过程，从而实现“从农田到餐桌”的质量安全信息的可追溯。另外，欧盟在肉类供应链质量安全可追溯体系的建设过程中还大量使用了现代化信息工具和技术，如建立了统一标准的牲畜养殖、屠宰和加工的质量安全信息数据库系统，用以对可能存在的风险进行评估，同时利用 RFID 技术、DNA 芯片等实现信息的收集和交换。

1.2.3 澳大利亚

澳大利亚是传统的畜牧业大国，畜产品出口成为国家经济收入的主要来源，肉类供应链体系较完善。2001 年，为顺应出口国对畜产品质量安全可追溯特征的要求，澳大利亚政府在包括牛、羊肉供应链上建立了自愿性的质量安全可追溯体系。但到了 2005 年，随着世界畜产品竞争的日益激烈，澳大利亚政府由先前的自愿性质量安全可追溯体系转向尝试强制性质量安全可追溯体系以维持出口市场上的竞争优势。根据业已形成的肉类供应链结构，政府主要强制寄养场和屠宰场实施质量安全可追溯体系，通过其影响和带动供应链上下游组织的质量安全行为，以此提高整个肉类供应链的质量安全管理水平。而在其他环节，质量安全可追溯体系强制实施的色彩却并不严重。值得一提的是，在澳大利亚肉类供应链中，质量安全可追溯通常被包含在一个更大的质量保证体系中（Gong 等，2007），这一质量保证体系通过国家牲畜识别系统（简称国家数据库）运行，包含了化学残留状况，激素、质量安全可追溯和行业管制的“消费者质量标准”，如 Cattlecare 模式，与环境保护和动物福利相关的第三方独立认证管制。另外，电子耳标、DNA 技术和 EAN. UCC 技术等被广泛运用于质量安全可追溯体系中。

1.2.4 丹麦

丹麦拥有世界上一流的种猪，也是世界上一流的猪肉生产大国，猪肉品质居全球之首，猪肉已经成为丹麦最重要的出口商品之一。丹麦猪肉供应链高度一体化的结构使质量安全可追溯体系的建设更趋科学和完善。丹麦猪肉供应链质量安全可追溯体系的监督和管理由兽医与食品管理局负责，并通过法令在猪肉供应链养殖和屠宰环节强制实施具有质量安全可追溯性的生产方式，并制定了严格的操作规范，从养殖环节如何记录生产过程中的各类情况（如饲喂、用药、疫苗等）和饲养时的投入，到具体的动物福利措施（包括猪的活动空间、运输方式等）都必须符合相关要求。同时，丹麦猪肉供应链的质量安全可追溯精度较高，已经建成了单个动物从农场到屠宰场的全过程质量安全可追溯体系。丹麦猪肉供应链质量安全可追溯体系能够使猪肉产业具备按照不同顾客要求提供不同重量和质量猪肉的能力。

1.2.5 日本

日本是全球食品安全管理最严格的国家之一，日本政府于 2003 年通过对原有《食品卫生法》的修改，形成并颁布了《食品安全基本法》，由此确立了质量安全可追溯体系强制推行的制度，并于 2003 年将质量安全可追溯体系强制执行的范围有原来的生产环节延伸到消费环节。日本居民主要食用海洋食品，唯一的陆上食品为牛肉。2001 年，日本农林水产省着手建设牛的质量安全可追溯体系，在牛肉供应链中强制实行质量安全可追溯制度，2004 年底，日本牛肉供应链质量安全可追溯体系由借鉴欧盟的实践经验而来，因此具有和欧盟肉类供应链质量安全可追溯体系相同的特征。所不同的是，质量安全可追溯体系的监督和管理却归属于农林水产省、厚生劳动省和食品安全委员会三方形成的协同制衡体系[①]。

1.2.6 经验总结

总体上看，发达国家在利用质量安全可追溯体系实现肉类供应链质量安全管理上显示出一些共同点。一是以加工环节为中心开展质量安全可追溯体系的建设，而处在这一环节中的企业也通常成为政府监管和制度激励的重点；二是在加工企业主导建设质量安全可追溯体系的过程中，强调其在生产效率、产品实现和质量安全管理等方面的绩效增进，构建利益传导机制有效带动供应链上下游组织质量安全管理行为，以此提高整个供应链质量安全管理水平；三是政府针对质量安全可追溯体系的监管普遍奉行单一部门主导下的垂直管理的原则，有效避免了多部门、多层级管理由于职权范围无法清晰界定而引发的监管失灵。这些经验将对我国猪肉供应链质量安全可追溯体系建设提供有益的经验借鉴。

---

① 协同制衡体系主要是农林水产省主要负责牛肉及其相关产品的质量和安全，厚生劳动省主要负责牛肉及其相关产品流通过程中的安全，而食品安全委员会则独立对风险进行评估，并监督相关政策和制度的执行情况。

1.3 概念界定

1.3.1 质量安全可追溯

结合我国猪肉加工企业质量安全可追溯现状及研究需要，本研究中所采用的质量安全可追溯的定义将融合 EU（2002）和 Golan 等（2004）的研究，将其定义为一种在农产品（食品）供应链的生产、加工和流通环节，跟踪或追踪产品或产品特征流的文本记录存储系统。该定义强调三个方面内容，一是质量安全可追溯的方向沿着供应链既可向前也可向后；二是质量安全可追溯的识别和定位是通过文本记录来完成；三是质量安全可追溯的范围覆盖农产品（食品）供应链的所有环节。

1.3.2 猪肉加工企业

本研究中出现的加工企业，是我国猪肉供应链中处在生猪屠宰加工和猪肉制品加工环节，并具有生产性、经营性特征的企业组织的总称，具体包括生猪屠宰加工企业（场、点），猪肉制品加工企业，或兼具生猪屠宰和猪肉制品加工的联合肉类生产企业。

1.3.3 质量安全可追溯绩效

管理学将“绩效”定义为组织为实现其目标而展现在不同层面上的有效输出。有效输出包含了对组织行为在完成一定目标时成本和收益的考量，表现为成本收益综合后的净值；猪肉加工企业质量安全可追溯作为一种典型的经济组织行为，其绩效也遵循以上定义。

前人对质量安全可追溯目标的研究大致分为两类，一类认为组织建设质量安全可追溯为了达到三个目标，即改善供应链效率、产品的差异化和有效实现质量安全控制（Golan，2004），另一类则认为质量安全可追溯可以实现污染问题发生时的反应反馈、责任激励和信用质量特征的事前证明（Hobbs，2004）。综合以上两类研究，我们可以将目标分为两类，一类关注成本节约和质量证明，包括改善供应链效率、产品的差异化、有效实现质量安全控制、污染问题发生时的反应反馈和信用质量特征的事前证明，强调产品生产出来以后，更好地实现产品并最大限度地降低食品安全风险；另一类着眼于责任分担，包括责任激励，强调通过质量安全可追溯将不安全食品所产生的风险分摊给上游供应者，以此在产品生产出来以前激励供应者的质量安全管理行为（Starbird 和 Amanor-Boadu，2006）。由此可将质量安全可追溯绩效划分为两类，一类以成本节约和质量证明为目标，其有效输出称为运作绩效；另一类以控制上游供应者质量安全行为为目标，其有效输出称为后向控制绩效。

1.4 研究目标及内容

1.4.1 研究目标

本研究以促进以加工企业为核心的猪肉质量安全可追溯体系建设，提高我国猪肉供应链质量安全管理水平，实现安全猪肉的有效供给为目的，对我国猪肉加工企业质量安全可追溯行为和绩效展开研究。具体目标如下：

（1）通过文献分析、资料整理及实地调研，全面了解和掌握当前我国猪肉供应链结构和特征，梳理各环节质量安全管理状况，尤其是猪肉加工企业质量安全可追溯的建设情况，提炼出关键问题。

（2）基于交易费用产业经济学理论，推导出猪肉加工企业质量安全可追溯行为的交易费用模型，通过计量分析验证交易费用和非交易费用因素对猪肉加工企业质量安全可追溯行为的影响。预期在行为选择模型构建和交易费用量化等方面开展一些创新性工作。

（3）借助前人质量安全可追溯运作绩效的指标体系，结合计量分析，对猪肉加工企业质量安全可追溯的运作绩效及影响因素展开实证研究。

（4）构建猪肉加工企业与养殖户间的委托代理模型，研究现有产业技术水平下猪肉加工企业利用质量安全可追溯后向控制养殖户质量安全行为的过程以及由此产生的绩效，同时对后向控制绩效的影响因素展开实证研究。

（5）在完成前述目标的基础上，提出促进以加工企业为核心的猪肉质量安全可追溯体系建设，提高猪肉供应链质量安全管理水平，实现安全猪肉有效供给的政策建议。

1.4.2 研究内容

本研究的主要内容共分七章，具体为：

第1章绪论。主要介绍本研究开展的现实背景和理论基础并引申出研究问题，总结发达国家肉类供应链质量安全可追溯体系建设的经验，界定基本概念，阐述研究目标、内容及意义，确立框架结构和研究方法，陈述数据来源和研究设计，以及主要创新之处等。

第2章理论基础与研究综述。主要对质量安全可追溯理论、农产品供应链管理理论、食品安全管理理论、交易费用产业经济学理论和委托代理理论进行简要回顾，并对质量安全可追溯行为及绩效的国内外研究进行系统梳理和综述。

第 3 章我国猪肉加工企业质量安全可追溯建设情况及关键问题。结合我国猪肉供应链结构和特征，以及各环节质量安全管理情况的描述，分析加工企业成为我国猪肉供应链质量安全管理核心主体的合理性和必然性。在此基础上，从管制要求和实践效果两方面探究我国猪肉加工企业质量安全可追溯建设情况，并揭示当前我国猪肉加工企业质量安全可追溯建设的关键问题。

第 4 章猪肉加工企业质量安全可追溯行为研究。主要从交易费用产业经济学出发，依据纵向协作理论，借鉴前人研究，探究猪肉加工企业质量安全可追溯行为的交易费用与非交易费用影响因素，据此提出实证框架和研究假设，引入 Ordinal Logit 模型和调节效应进行实证分析，检验研究假设是否成立，揭示猪肉加工企业质量安全可追溯行为的发生机理。

第 5 章猪肉加工企业质量安全可追溯的运作绩效研究。本部分首先借鉴前人在质量安全可追溯运作绩效研究中所提出的成本收益框架并加以改进，利用因子分析和聚类分析，对运作绩效进行研究；进一步借助管理学中的绩效理论，实证分析内外部环境因素对猪肉加工企业质量安全可追溯运作绩效的影响。

第 6 章猪肉加工企业质量安全可追溯的后向控制绩效研究。包括样本企业质量安全可追溯后向控制绩效的描述；通过构建委托代理模型，结合产业技术数据，以猪瘟疫苗控制为例，对猪肉加工企业借助质量安全可追溯后向控制养殖户质量安全行为所产生的绩效进行实证研究；通过灵敏度分析，揭示猪肉加工企业质量安全可追溯后向控制绩效的影响因素及变化规律；最后结合案例分析，对技术数据实证的结果予以证明和修正。

第 7 章研究结论、政策建议及研究展望。本部分将高度凝练研究的主要结论，并据此提出相应政策建议。并在最后阐述了本研究的不足之处和可供进一步研究的方向。

1.5　技术路线图

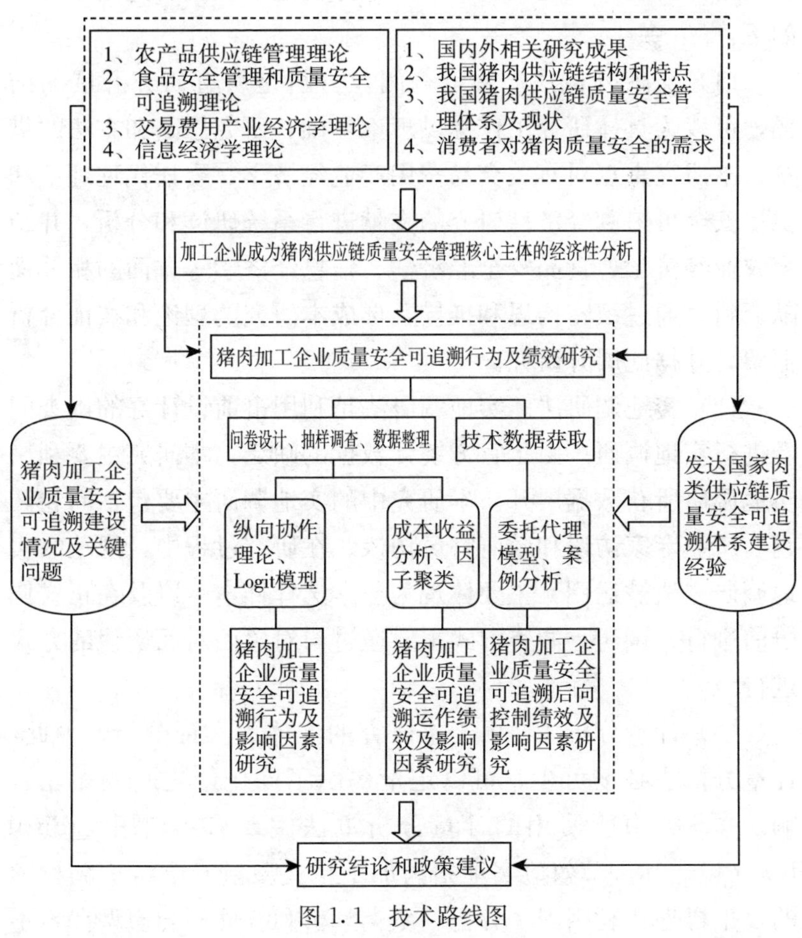

图 1.1　技术路线图

1.6 研究方法

本研究以国内外已有研究和实地调研数据为基础，对猪肉加工企业质量安全可追溯行为及绩效展开研究。研究过程中综合文献分析法，实地调研法、计量分析法和案例研究法，具体如下：

（1）文献分析法。文献查阅及分析是所有研究开展的前提，可以为具体研究工作提供理论基础、研究思路和方法的借鉴。本研究重点对有关交易费用产业经济学、委托代理理论和质量安全可追溯经济性研究的文献进行系统研读和分析，并结合农业经济学、食品安全经济学、信息经济学等方面的相关文献资料，通过缜密构思和推导，形成本研究的理论和实证分析框架，并据此展开研究。

（2）实地调研法。实地调研法是利用事前设计好的调查问卷进行实地调研。由于官方统计数据的缺乏，本研究主要利用实地调研所获数据展开。本研究中的实地调研主要包括问卷调查、产业专家访谈和政府官员访谈。在研究过程中，规范的实地调研方法被运用，主要体现为科学选择样本，以及在正式调研前进行预调研。调查方式主要通过与对象面对面访谈的方式进行。

（3）计量分析法。由于本研究的主体为实证分析，因此，计量分析法必不可少，可以定量揭示不同变量之间的相互影响。本研究中所使用的计量分析方法主要有：利用 Ordinal Logit 模型和调节效应实证猪肉加工企业质量安全可追溯行为的发生机理；利用因子分析、聚类分析和线性回归模型探索不同企业质量安全可追溯运作绩效模式及变化规律；利用委托代理模型和产业技术数据定量研究猪肉加工企业质量安全可追溯后向控制绩效及变化规律。

（4）案例研究法。案例分析是实证研究的重要方法，可有效揭示问题背后的本质，还可对定量研究的结果进行合理修正。在猪肉加工企业质量安全可追溯后向控制绩效的研究中，为弥补利用技术数据实证研究的不足，引入典型企业作为案例定量分析后向绩效的产生过程及影响因素，以此对之前实证研究的结果予以印证并做合理修正。

1.7 数据来源与研究设计

1.7.1 数据来源

本研究所使用的各类数据主要来源如下：

（1）中央、省、自治区统计年鉴及涉农行业统计，包括《2011中国统计年鉴》《2011浙江省统计年鉴》《2011江西省统计年鉴》《2010中国畜牧业年鉴》《2011中国商品交易市场统计年鉴》等。

（2）相关行业研究报告，包括《2010年我国畜禽屠宰及肉类加工行业研究报告》《2010—2011年中国零售业生鲜行业报告》《中国食品安全研究报告》等。

（3）政府相关部门网站及数据库系统，包括农业部网站、商务部网站、浙江农业信息网、江西农业信息网、中国认证认可信息网、商务部生猪等禽畜屠宰统计监测系统、商务部肉类蔬菜流通追溯体系建设网等。

（4）产业专家和政府部门访谈，通过对猪肉加工行业资深技术及管理专家的访谈，获取部分技术数据；通过对政府部门从事猪肉质量安全管理人员的访谈，获取反映猪肉质量安全监管情况的数据。

（5）问卷调查，实证数据主要通过随机抽取浙江、江西两省猪肉加工企业进行问卷调查获得。数据的获取的具体情况参见 1.7.2。

1.7.2 研究设计

本研究所使用的数据除特别标注外，均来源于教育部人文社会科学重点研究基地重大项目“农产品质量安全追溯体系建设研究”和国家自然科学基金“基于环境协调发展框架下农产品质量安全管理长效机制研究”。课题组于 2011 年 3—12 月间在浙江省和江西省展开实地调研。

由于目前尚缺乏描述猪肉加工企业详细资料的统计数据，课题组采用与猪肉加工企业主要负责人面对面访谈的方式获取大量详实的微观数据，同时对企业运行情况进行实地调研，对访谈结果进行合理修正。因此，有必要详细介绍调查的设计和实施情况。

1. 样本区域

由于我国城乡居民的饮食习惯，除一些少数民族聚集区外，猪肉加工企业几乎在所有地区均有分布。出于调查资源的限制，并考虑本研究的主要内容，课题组在确定样本区域时综合考虑了以下因素：猪肉生产区域分布、猪肉产量、生猪屠宰和肉制品加工产业的发育程度、质量安全可追溯的实施情况、猪肉消费特征和政府管制，以及调查的便利性和数据的可获得性等，最终确立浙江省和江西省作为样本省份。浙江和江西两省分别是我国典型的猪肉消费型和生产型省份[①]，又分别是经济发达地区和欠发达地区，两省猪肉供应链中的加工企业在内外部环境、发育程度等方面涵盖了当前我国猪肉加工企业的主要特征，因而具有很强的代表性。

根据两省猪肉生产和消费情况，以及两省农业和商务部门所提供的猪肉加工企业分布情况，浙江省内选取除舟山以外的所有区域作为样本区域[②]，涵盖杭州、宁波、温州、金华、衢州、嘉兴、绍兴、台州、湖州和丽水10个副省级城市和地级市。江西省则选取了所有区域作为样本区域，包括南昌、赣州、景德镇、萍乡、九江、新余、鹰潭、吉安、宜春、抚州和上饶11个地级市。

2. 调查对象

本研究的调查对象主要为猪肉加工企业，但同时也需了解整个生猪屠宰和猪肉制品加工行业的经营、质量安全管理和政府监管情况等，以便从宏观上把握猪肉加工企业质量安全可追溯行为及绩效的背景因素。因此，本研究的调查对象以对猪肉加工企业的调查为主，辅以对产业专家和政府主管部门的访谈。

---

① 截至2011年底，浙江省出栏生猪1 922.2万头，猪肉产量为131.9万吨，分别位居全国第16位和第17位；江西省出栏生猪2 847.2万头，猪肉产量221.1万吨，分别位居全国第10位和第12位。与此同时，根据全国第六次人口普查数据，浙江省现有常住人口5 442.69万人，江西省现有常住人口4 288.44万人，因此，从全国31个省份来看，浙江都属于典型的消费省份，而江西则属于典型的生产省份。

② 舟山是传统的海岛，居民饮食中海产品占据主导，猪肉的生产和消费较少，同时猪肉加工企业也较少。

3. 抽样情况

2010 年 12 月至 2011 年 2 月，课题组结合产业专家和政府管制部门建议，从浙江、江西两省商务部门和农业部门提供的企业名录中选择性抽取了 30 家代表性企业，其中浙江 15 家，江西 15 家分别进行了两次预调查。

2011 年 3 月至 2011 年 12 月，课题组在宏观把握猪肉加工企业质量安全管理状况的基础上，集中进行了对猪肉加工企业的调查，企业调查采用分地区随机抽样的方法进行，对猪肉生产和消费量较大地区，在抽取样本数量上适当增加。课题组根据两省农业和商务部门提供所提供的猪肉加工企业名录，随机抽取 200 家企业，其中浙江 100 家、江西 100 家作为调查对象。具体抽样情况如图 1.2 所示：

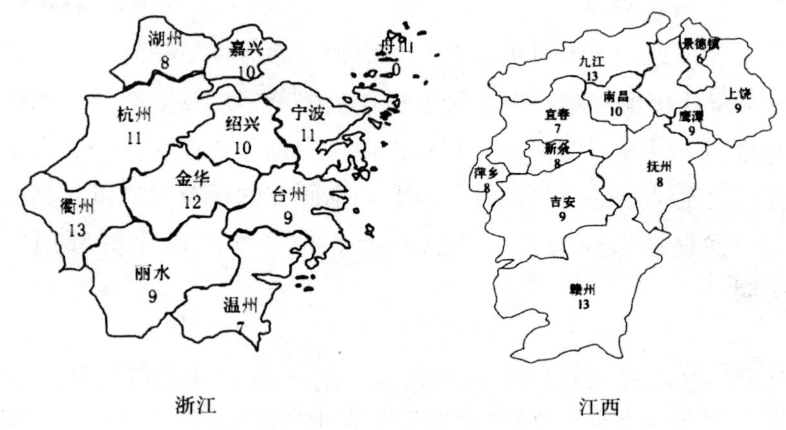

注：图中数字为所抽企业数。

图 1.2　样本区域的抽样情况

4. 问卷设计

本研究采用的问卷分为四个部分：

企业基本信息包括企业名称、成立时间、注册资本额、固定资产、年销售额、所有制结构、业务范围、资质情况、品牌情况、产品销售区域、领导人年龄、受教育程度、员工人数等。

交易状况包括原料来源情况、与原料供应商交易的合约形式、交易稳定性、与原料供应商的信任情况、顾客情况、与顾客交易的合约形式、交易稳定性、企业感知到的消费者质量安全关注情况和政府监管情况等。

质量安全可追溯建设情况包括各类产品认证情况、信息工具情况、生产和销售过程中的记录和票证索取和出具情况、信息沟通状况、问题产品的定位情况、可追溯的范围、企业希望的政府支持、竞争者质量安全可追溯情况、以及可追溯是否成为战略等。

质量安全可追溯绩效情况包括各类直接成本和间接成本支出情况、质量安全可追溯实施前后企业各种运作指标的变化感知及具体变动幅度、对质量安全可追溯绩效的总体感知、政府及各类产业组织的支持情况等。

5. 调查情况

为了保证问卷的质量，课题组通过预调查检验问卷的合理性和可行性，并根据专家意见，对问卷中的不足进行了修正。

实地调查中采用了调查员与猪肉加工企业负责人面对面访谈的形式。调查员由浙江大学农业经济管理专业的博士研究生、硕士研究生和本科生组成，并在正式调查之前经过细致培训。培训由问卷设计者详细介绍课题背景、研究内容、问卷构成、访谈顺序、询问方法、记录方式、信息验证等。在调查员进行正式调查前，安排调查员观摩课题组成员的示范调查，由课题组成员向调查员示范操作程序。为使调查能更真实有效地获取信息，调查员与被调查对象交流过程中回避其他旁观者，以消除被调查对象的戒备心理，避免企业负责人对一些敏感问题持保守估计和保留态度。

正式调查共发放问卷200份，回收问卷176份，剔除一些信息不完全或含有较多矛盾信息的问卷33份，得到有效问卷143份，其中浙江省68份，江西省75份。从回收的有效问卷来看，受访企业的基本特征如下：

（1）企业规模偏小。89.6%的猪肉加工企业员工总人数少于300人，仅仅只有2.1%的猪肉加工企业员工总人数在1 000人以上[①]。

（2）企业业务范围多样。53.1%的猪肉加工企业仅从事一种业务，主要为生猪代宰或猪肉制品加工；46.9%的猪肉加工企业经营两种及以上业务，即在生猪代宰和猪肉制品加工的基础上，还从事白条肉生产和冷鲜肉生产和销售业务。

（3）产品销售大多集中于本地。产品全部销往本地市场的猪肉加工企业占企业总数的77.1%；除本地市场外，产品还销往外地市场的猪肉加工企业仅占企业总数的22.9%，其中，4.2%的猪肉加工企业的产品销往美国、日本、新加坡和香港等地市场。

（4）企业品牌化经营缺失。66.7%的猪肉加工企业生产的产品无任何品牌；仅有33.3%的猪肉加工企业建立了自有品牌，其中6家企业拥有国家级名牌。

① 企业规模的划分标准参照《国家统计局关于印发统计上大中小微企业划分办法的通知》（国统字［2011］75号）中对工业企业的标准，即员工人数≥1 000人为大型企业，300≤员工人数＜1 000人为中型企业，员工人数＜300人为小型企业。

（5）企业决策者年龄偏大，受教育程度低。66.7%的猪肉加工企业决策者年龄在50岁以上，仅有36.5%的猪肉加工企业决策者接受过高等教育。

1.8 研究意义

1.8.1 理论意义

结合我国猪肉供应链特点，对猪肉加工企业质量安全可追溯行为及绩效的研究分别采用农产品供应链管理、食品安全管理、交易费用产业经济学、委托代理等理论和 Ordinal Logit 模型、调节效应分析、灵敏度分析和案例分析等方法，系统揭示猪肉加工企业质量安全可追溯行为及绩效产生、发展和演化的机理，从理论上探索和构建与我国猪肉供应链相适应的质量安全可追溯体系的发展模式，激励、监督机制和治理结构等。

1.8.2 实践意义

通过猪肉加工企业质量安全可追溯行为及绩效的研究，可有效指导我国猪肉质量安全可追溯体系的实践，从整体上增强猪肉供应链质量安全管理水平，遏制猪肉安全问题高发，提高猪肉产业竞争力；为政府出台科学、合理的猪肉质量安全监管政策提供依据；同时对其他农产品质量安全管理提供有益借鉴。

1.9 主要创新之处

本研究在吸收目前农产品质量安全可追溯的相关理论基础

上，在研究内容、分析框架和研究方法上进行了新的探索。主要的创新之处有：

1. 研究内容创新

本研究基于猪肉供应链质量安全可追溯体系建设的背景，关注猪肉加工企业质量安全可追溯行为和绩效，研究内容上具有一定的创新性。当前国内外对于包括猪肉在内的农产品（食品）质量安全可追溯的研究大多关注养殖环节（如：农户、农场、养殖合作社等）和零售环节（如：大型超市等）中组织或个体行为及其经济性，而聚焦加工企业的研究甚少。

2. 分析框架创新

本研究借助交易费用产业经济学利用，并通过构建一个扩展的交易费用分析框架对猪肉加工企业质量安全可追溯行为展开研究，得出了猪肉加工企业专用性资产投资在一些交易费用和非交易费用因素的调节作用下影响其质量安全可追溯行为水平，具有一定的创新性。

此外，本研究还引入委托代理理论并构建相应模型对猪肉加工企业质量安全可追溯的后向控制绩效展开研究，深入揭示了猪肉加工企业利用质量安全可追溯后向控制养殖户质量安全行为的机制及由此产生的绩效，该分析框架近几年刚刚在国外研究中兴起，在国内尚属首创。

3. 研究方法创新

本研究针对猪肉加工企业质量安全可追溯行为的分析，超越以往研究中对于质量安全可追溯行为测度的二分法，利用Golan（2004）所提出的深度、广度、精度共同测度猪肉加工企业质量安全可追溯行为水平；并借助Ordinal Logit模型和调节效应进行实证，具有一定的创新性。

另外，在猪肉加工企业质量安全可追溯后向控制绩效的研究中，创新性地将产业技术数据引入委托代理模型进行实证，实现了对猪肉加工企业质量安全可追溯后向控制绩效的客观定量研究，该研究方法在目前的国内外研究中还较少见。

第 2 章　理论基础与研究综述

2.1　理论基础

2.1.1　质量安全可追溯理论

质量安全可追溯通常被认为是一种在所有生产、加工和分配环节，追踪和跟踪食物、饲料、食源性物质，或者被预期可能会进入食物和饲料物质的能力（ECR Europe，2004）。基于不同的研究目的，质量安全可追溯的定义也呈现出多样性（Dessureault，2006；Pouliot 和 Sumner，2008；Hobbs 等，2005；Kehagia，2007）。无论定义形式如何，质量安全可追溯的基本原理都表现为利用信息传递机制和责任激励机制，克服由农产品（食品）生产和消费分割所导致的信息不对称，在供应链各环节，有效地将信用品特征转化为经验品或搜寻品特征（Caswell，2006；Caswell 和 Mojduszka，1996），实现对农产品（食品）质量安全的有效管理，通过构建完善的农产品（食品）质量安全市场，矫正可能的市场失灵，增进生产者和消费者福利（Dickinson，Hobbs 和 Bailey，2003；Regattieri 等，2007）。

质量安全可追溯的功能主要体现在三个方面：①差异化具有信用特征的产品；②改善供应链管理；③在食品安全事件发生时，快速追踪问题产品（Golan 等，2004）。Hobbs（2004）

进一步认为质量安全可追溯通常被用来实现责任激励，明确责任归属，并据此进行利益分配。Golan（2004）提出利用宽度、深度和精度来描述质量安全可追溯，宽度是指质量安全可追溯记录信息的数量，用以描述产品属性；深度是指质量安全可追溯能够向前或向后追溯多远；精度是指质量安全可追溯跟踪产品运行轨迹的准确度。一般说来，质量安全可追溯所记录的信息容量越大，向前或向后涉及的范围越广、跟踪目标产品的错误率越低，水平就越高，较高水平的质量安全可追溯在更有效揭示信息的同时，也会导致较高成本（Golan 等，2003；2004；Golan，Krissoff 和 Kuchler，2005；Hobbs，2006）。

质量安全可追溯理论通常出现在各类与质量安全可追溯相关的研究中，并成为研究推进的基础。

2.1.2　农产品供应链管理理论

农产品供应链管理根植于供应链管理的基本思想，并在一般供应链管理基础上，充分考虑农产品本身所具有的特殊性。农产品供应链管理是指为了满足消费者需求，运用计划、协调、组织和控制等职能，对农产品物流、信息流、资金流和安全流进行合理规划、协调与控制，在农户生产者、中介组织、供应商、加工企业、分销商、零售商和消费者等供应链参与者间建立合作伙伴关系，并确立利益分配机制和绩效机制，提高整个农产品供应链运作效率，实现供应链参与者的“共赢”（Forrester，1961；Folinas、Manikas 和 Manos，2006；Holmberg，2000；周洁红，2006；房丽娜，2009）。

农产品供应链管理包括概念及内涵，消费者数量需求影响和质量需求影响的研究。由于社会分工的不断深入，生产和消费的进一步分离，日趋复杂的农产品供应链结构导致了最为经济、有效的管理模式应该是利用核心主体带动上下游供应链组织间的协作，以保证消费者获取足量且安全的农产品（Martin，2001）。事实上，现代农产品供应链管理本质上离不开对信息的关注，无论是数量信息，还是质量信息，对其有效揭示、沟通和共享越来越成为农产品供应链组织构建核心竞争力的重要保障（Mason-Jones 和 Towill，1997），而诸多学者基于管理经济性所提出的“核心主体”“牛鞭效应（Bullwhip Effect）”“信息共享”和“纵向协作”等理论也基本上围绕农产品供应链中各类信息的有效利用而展开（Kees，2002；Sahin 和 Robinson，2003；Skjoett-Larsen 等，2003）。

农产品供应链管理强调信息的重要作用并致力于对信息的治理，因而其相关原理和方法对农产品供应链的信息传递和责任激励机制的构建和发展具有极其重要的作用（Karkkainen，2003）。另外，质量安全可追溯必须依附于农产品（食品）供应链而建立，并随着供应链的演化而发生变化，因此，农产品供应链管理理论被广泛运用于质量安全可追溯的研究中（Martin，Grier 和 Dessureault，2004；Standerson 和 Hobbs，2006；叶俊焘，2012）。

2.1.3 食品安全管理理论

食品安全管理理论主要包含食品安全问题的根源和治理。食品安全问题源于“理性经济人”假设下，食品生产者和消费者的利益博弈中，食品质量安全特征信息对市场均衡的影响。食品生产和消费的分离，以及固有的生鲜易腐性，决定了质量安全特征具有相当的复杂性和可变性，导致了食品交易双方都面临着质量安全信息的不完全性和不对称性。通常生产者比消费者掌握更多的质量安全信息，因此质量安全信息在供应链上的有效传递和共享存在较大困难（Antle，1995）。按获取信息的方式，商品一般可分为搜寻品、经验品和信用品。搜寻品是指购买前消费者已掌握完全质量信息；经验品是指只有购买后才能判断其质量的商品；信用品则是指购买并消费后也不能判断其质量的商品（Nelson，1974）。显然，食品安全问题的根源体现为质量安全信息获取的经验品和信用品特征。

食品安全管理理论包含了对食品安全问题的治理，其核心在于解决由经验品和信用品特征所引发的信息不对称和不完全性。质量安全信息的搜寻品特征不需要治理，可通过市场运作自行解决；质量安全信息经验品特征的治理可通过长期重复购买形成经验和信誉，以此来对质量安全情况进行判断，克服质量安全信息的不完全和不对称性（Grossman，1981；Shapiro，1983）；质量安全信息信用品特征的整理需要引入交易双方都信任的第三方介入市场，通过设计出一些管制型干涉和第三方独立质量见证，如质量认证、标签管理等，有效地将信用品特征转化为经验品，甚至搜寻品特征，以此来保证质量安全信息向外界传达的真实性和准确性，这可能是食品安全管理的核心（Caswell，2006）。实践中，双方信任的第三方通常是政府，或是由政府授权的监管或认证组织，因而食品质量安全信息的揭示具有准公共性（Caswell 和 Mojduszka，1996）。

由此可见，食品安全问题根源和治理所形成的食品安全管理理论都围绕着质量安全信息的揭示、沟通和共享而展开。质量安全可追溯作为一种有效的食品安全管理方法，本身就是一种质量安全信息传递机制，其原理根植于食品安全管理理论。因此，食品安全管理理论是质量安全可追溯的研究得以开展的基础（Henson 和 Hooker，2001；Antle，2000）。

2.1.4 交易费用产业经济学理论

交易费用产业经济学理论通常被用来描述交易费用的变化对产业组织安排的影响，纵向协作被看做是一系列产业组织安排和契约选择的集合，其最终形态必然与交易费用的节约有关。由于任何交易中都普遍存在有限理性和机会主义的可能性（Williamson，1971，1979），这两者是交易成本的主要来源，因而，交易者将会进行一种合适的组织安排，以减少交易过程中就收益分配的冲突或斗争的成本，以此来有效节约交易费用（Masten，1995）。交易费用产业经济学理论认为，各种相互替代的组织安排的效率要求在各种组织安排下进行交易成本的比较（Williamson，1985），而组织的选择又是追求“财富最大化”的结果，即交易费用和由于无法获取潜在的交易收益而导致的净损失最小化（Elickson，1989）。大量对于组织安排和契约选择的案例研究表明，与交易特征相关的交易费用因素可有效预测这些安排和选择（Masten，1995；Palay，1984），农产品供应链中许多有关组织形态的研究也都借助交易费用给出了经验性证明（Hennessy，1996；Hobbs，2000；Frank 和 Henderson，1992）。

质量安全可追溯被认为是一种农产品（食品）供应链上的纵向协作机制（Hobbs，1996；Souza-Monteiro 和 Caswell，2010），因而，交易费用成为质量安全可追溯的决定因素。引入交易费用产业经济学相关理论对质量安全可追溯展开研究，日益成为一种新的研究范式，并随着交易费用实证研究的深入，可有效探索农产品（食品）供应链质量安全可追溯的运行机制（Wang 和 Bravo，2010）。

2.1.5　委托代理理论

委托代理理论是制度经济学契约理论的主要内容之一，主要研究的委托代理关系是指一个或多个行为主体根据一种明示或隐含的契约，指定、雇佣另一些行为主体为其服务，同时授予后者一定的决策权利，并根据后者提供的服务数量和质量对其支付相应的报酬。授权者就是委托人，被授权者就是代理人。委托代理关系起源于“专业化”的存在，可能出现代理人由于相对优势而代表委托人行动。委托代理理论是建立在非对称信息博弈论基础上的，它试图模型化并解决这类问题，即委托人想使代理人按照其利益选择行动，但委托人不能直接观察到代理人选择了什么行动，能观察到的只是另一些变量，这些变量由代理人的行动和其他外生的随机因素共同决定，因而是代理行动的不完全信息，委托人将根据可观测到的信息来奖惩代理人，以激励其选择对委托人最有利的行动。由此可见，委托代理关系是普遍存在的（张维迎，2004）。

委托代理理论较为客观地利用成本收益解释了个体和组织对不同经济行为的选择，并揭示了其中的演化机制，质量安全可追溯的建设需要农产品供应链中组织和个人在信息传递上的协调与合作。由此可见，利用委托代理理论可深入探索质量安全可追溯中不同供应链组织行为间交互作用的机制机理，以此揭示质量安全可追溯的经济价值（Starbird 和 Amanor-Boadu，2006；Resende-Filho 和 Buhr，2008）。

2.2 研究综述

2.2.1 质量安全可追溯行为的国内外研究

由于本研究主要涉及生产者质量安全可追溯行为，因而本部分仅综述生产者行为，消费者和政府行为则不包含在内。整体上看，质量安全可追溯的生产者行为研究见诸于大量国外文献中，在掌握质量安全可追溯的定义、功能和特征等基础知识后，国外学者的生产者行为研究呈现出系统性特征，即在农产品供应链背景下，强调不同生产者行为间的差异及交互，同时还注重行为的整合，通过理论与实证结合取得了较为科学的研究结论。相比之下，国内研究较为分散，所涉及的农产品种类繁多，研究对象多集中供应链上单个主体，缺乏对供应链背景下不同主体行为协同的考察，忽视了质量安全可追溯系统性特征。

1. 关于行为主体的研究

农产品供应链涵盖了较多主体及利益相关者，它们是否都应建设质量安全可追溯，成为国外学者在生产者行为研究中首先考虑的问题。在对不同国家农产品（食品）质量安全可追溯实践进行深入研究后，国外学者给出了否定回答。理论依据在于，不同生产者在质量安全可追溯目标上存在差异，各自标准和模式无法有效实现融合和协同，最终使质量安全可追溯行为陷入窘境，因而完全意义上的质量安全可追溯几乎是不可能的（Golan，2004）。以 Golan 和 Hobbs 为代表的北美学者从批判欧洲强制性质量安全可追溯制度中得到了灵感，率先提出解决方法，并得到了认可（Golan 等，2000；2002；2003a；2003b；

2004；Hobbs，2004）。他们认为欧盟针对所有生产者强制实施质量安全可追溯的法律实际上是无效的，忽视了农产品（食品）供应链组织结构、消费市场和管制环境的差异，所有生产者都以统一模式建设质量安全可追溯只会带来私人和公共利益的双重损失（Golan等，2003b）。一种有效的解决方法是根据供应链结构确定某一生产者来主导质量安全可追溯（Golan，2003a），实践中应更多青睐那些势力较强，且处在物流和信息流收敛处的生产者，这样既可达到信息收集和共享的经济性，又能带动供应链其他组织的质量安全行为，增加质量安全可追溯的效力（Pouliot和Sumner，2008；Starbird和Amanor-Boadu；2006）。国外实践很好印证了这一观点，英国在20世纪90年代，由于疯牛病危机，消费者对源头质量安全信息空前关注，导致了英国牛肉供应链以农户为主体的质量安全可追溯的产生（Fearne，1998）。但随着管制政策调整和供应链结构变化，屠宰加工环节集中度提高，当前英国牛肉质量安全可追溯的主体则更多集中于屠宰加工的企业（Bailey和Hayes，2002；Cox，Chicksand和Yang，2007）。同样的变化也体现在美国肉类供应链中（Hooker，Nayga和Siebert，1999；Fallon，2001；Bulut和Lawrence，2007）。随着零售集中度的提高和对农产品（食品）供应链控制力的增强，大型零售商主导的质量安全可追溯也日益开始涌现（Jonge等，2004；2008）。

尽管我国农产品（食品）质量安全可追溯研究和实践与国外同时起步，但直到近来才有学者意识到此问题，这可能与质量安全可追溯在我国建设和发展程度有关。我国农产品（食品）质量安全问题的产生和治理大多强调源头（卫龙宝，

2004)，致使国内研究长期关注农户等初级生产者主导的质量安全可追溯的必要性和合理性（周洁红，2005；2007；杨永亮，2006；闫倩，2011；孙世民等，2008；施晟，2008）。随着研究和实践深入，许多学者发现农户等初级生产者主导的质量安全可追溯始终无法有效解决农产品（食品）质量安全问题。原因在于，农户等初级生产者普遍小而分散，组织化程度低，势力弱小，在供应链上容易遭受其他组织控制和盘剥，可能会因质量安全利益的不合理分配而缺乏建设质量安全可追溯的动力，也无法带动供应链其他组织。同时，小而分散的农户给政府引导和监管造成极大障碍。鉴于此，极少数学者开始关注不同农产品（食品）供应链中质量安全可追溯建设主体的经济性，杨秋红（2008）利用信誉机制研究了质量安全可追溯建设主体的经济性问题，认为具有组织特征的企业才是真正的主体，但并未在不同农产品（食品）供应链间进行区分；一些针对具体农产品（食品）供应链的研究则弥补了这一缺陷，张仕都（2009）、叶俊焘和胡亦俊（2010）基于我国蔬菜供应链结构，推导出批发市场供应商是建设蔬菜质量安全可追溯的最经济主体；叶俊焘（2012）在定点屠宰制度的背景下，提出我国猪肉供应链质量安全可追溯应由屠宰加工企业主导。

2. 关于行为激励的研究

国外学者研究普遍认为生产者质量安全可追溯行为的激励因素主要来源于供应链效率的改善，食品质量安全控制的增强，稳定并获取市场（Golan，2005；Trautman，Goddard 和 Nilsson，2008），生产者通过平衡成本收益来选择质量安全可追溯行为（Golan，2003；Dessureault，2006；Souza Monteiro

和 Caswell，2008）。但激励因素和激励模式在初级生产者、加工者和零售商间却显示出较大差异（Barcos，2001；Buhr，2003）。

（1）基于初级生产者的研究。初级生产者（如农户）处在农产品供应链的源头，其质量安全可追溯行为主要受到市场需求和政府管制的影响，由于欧洲和北美管制模式的差异，政府管制的激励作用似乎并不具有普适性，市场需求却成为最重要激励因素。需要指出的是，市场需求既包含终端消费者需求，同时也包含投入品市场中下游加工企业和零售商的需求，这一点在许多初级生产者行为研究中都得到了印证（Leat，Marr 和 Ritchie，1998；Lawrence，2002；Can-Trace，2006；Monteiro 和 Caswell，2009）。但初级生产者行为受市场需求主导并非一成不变，Smyth 和 Phillips（2002）描述苏格兰小麦种植者质量安全可追溯行为的激励过程，发现种植者在初始阶段受到市场因素（即价格溢出）的影响，但随着越来越多种植者的加入，价格溢出不复存在，对于那些仍未建设质量安全可追溯体系的种植者而言，激励则来自同行竞争的压力。另外一些研究重点强调了初级生产者的组织化程度对质量安全可追溯的推动作用，认为一些身处联盟、协会、合作社和营销组织的初级生产者更易实施质量安全可追溯行为，因为这些组织为其个体提供了经济上的便利（Narrod 等，2009），一些研究反向关注初级生产者不愿意实施质量安全可追溯行为的影响因素，认为农产品供应链的利润较多集中于加工和流通环节，初级生产者往往在质量安全可追溯上获取的利润最少，而付出最多（Davies，2004），市场利润的不合理分配导致了初级生产者质量安全可追溯行为供给的不足（Sparling 和 Sterling，2005；

Sparling 等，2006）。

（2）基于加工者的研究。针对加工者行为的研究占据了生产者行为研究的主要篇幅，一个可能的原因是，农产品供应链上的加工者多为生产组织化程度较高的企业组织，而政府管制也习惯集中在企业，同时处在加工环节的企业在大多数农产品供应链中实现质量安全可追溯较为经济（Fallon，2001）。除可能的政府管制外，加工企业质量安全可追溯的激励因素大致来源于：区分和营销食品细微的或检测不到的质量属性、促进食品质量安全的回溯、改善供应方管理（Golan，Krissoff 和 Kuchler，2002；2005；Golan 等，2003），具体研究却表现出多样性。市场需求似乎对于所有生产者都具有极强的激励作用，因而被视作其质量安全可追溯行为的原动力，加工者当然也不例外（Loader 和 Hobbs，1996；Pouliot 和 Sumner，2007）。Hobbs 和 Sanderson（2007）集中强调市场需求的重要作用，认为只要市场需求的经济诱因足够强劲，那么加工企业会毫不犹豫地实施质量安全可追溯。Pouliot 和 Sumner（2008）进一步挖掘了市场需求对农产品加工企业质量安全可追溯行为的影响机理，博弈分析显示，顾客对于质量安全信息的价值判断通过已有的供应链关系和参与者相对能力影响了加工企业质量安全可追溯行为的发生及水平的选择，而这一影响过程的实质则是市场利润和追溯成本的再分配，从而也印证了生产者质量安全可追溯行为是预期成本和收益平衡的结果。在强调市场需求的基础上，Smith 和 Saunders（2005）、Goldsmith（2004）等开始在不同国家和地区的案例研究中侧重食品质量安全回溯的激励。部分研究也集中于供应方管理的激励，鉴于农产品（食品）安全问题大多出自种养环节，在农产品供应链日趋复杂的背景下，越来越多的研究者发现，加工者寄希望通过质量安全可追溯，在质量安全事件发生前，激励初级生产者提供安全产品；在质量安全事件发生后，转移责任，保护自身不受或少受损失（Starbird 和 Amanor-Boadu，2006），其实质在于消除信息不对称所引起的供应链匿名性，改善供应方管理（Resende-Filho，2006；Hobbs，Yeung 和 Kerr，2007），加工者在这一激励因素的驱使下实施质量安全可追溯，以保障自身安全并构建持续竞争优势（Cox，Chicksand 和 Yang，2007）；Buhr（2003）通过美国禽肉供应链质量安全可追溯的案例，引入交易费用理论，基于供应方管理的实质，认为加工企业质量安全可追溯行为实施的激励因素主要来源于固有的或由于机会主义和道德风险所产生的不确定性，交易特征的可观察性，采纳可追溯前后的控制成本，以及企业对运营过程的控制程度。部分学者对以上三类激励因素进行了整合研究，Bulut 和 Lawrence（2007）建立了美国爱荷华州肉类屠宰加工企业实施质量安全可追溯系统行为的理论模型，这一模型以追溯水平为因变量，企业类型、产品类型、企业规模、企业成立时间、资本密集度、市场类型、供应商集中度、消费者集中度、信用保证、品牌化、所有制、合约供应情况、合约销售情况、消费者类型、已有的食品安全控制手段、产品风险、企业产品保障等为自变量，但没有进行实证。

（3）基于零售商的研究。经济全球化使农产品供应链由“生产导向”过渡为“消费导向”（Clemens，2003），同时也带来了零售市场的高度集约化。零售商势力的持续增长，逐渐主导了农产品（食品）供应链（Smith 等，2000；Maurizio 等，2010）。零售商作为一种具有企业特征的组织，其质量安全可追溯行为的激励因素与激励模式大体与加工者一致，不同的是，零售商是农产品供应链与消费者直接接触的界面，市场需求对零售商的激励作用尤为明显（Jones 等，2005）。由于质量安全可追溯能向市场提供特异性且能证实具有某些质量安全特征的产品，从而获取市场溢价（Dickinson 和 Bailey，2003；Bulut 和 Lawrence，2007），因此，在激烈的市场竞争中，零售商更倾向于把质量安全可追溯作为一种增强产品差异化水平和品牌竞争力的机会（McKean，2001；Buhr，2003；Trautman，Goddard 和 Nilsson，2008），这可能是零售商质量安全可追溯行为最直接的推动力量（Dickinson 和 Bailey，2003；Mus，2006）。尽管市场需求占据主导，但随着零售商竞争的白热化，利用质量安全可追溯满足市场需求所获取的收益将日益稀薄，在此背景下，付出最小成本维持现有竞争格局和市场份额成为大多数零售商行为的又一类激励因素（Fearne 和 Hughes，2000；Golan 等，2003；2004），这其中包含了对较低物流成本（Buhr，2003；Hobbs，2006）、快速和低成本召回（Bracken 和 Matthews，2005）、高效的消费者响应（ECR）和分类管理（CM）（McKean，2001）、供应链紧密控制和管理（Jones 等，2005）、较低的劳动力支出（Bracken 和 Matthews，2005）等的需求。聚焦沃尔玛（Wal-Mark）和乐购（Tesco）等世界零售业巨头的案例研究的重要结论是，零售商主导的供应链结构、零售商特征和产业政策对其质量安全可追溯行为通常存在较为显著的影响（Jones 等 2005；Peterson，2004；Maurizio 等，2010），随着大型零售商对供应链控制力的不断增强，通过实施质量安全可追溯，可决定生产方向，以应对不断变化的市场，这可能成为大型零售商和中小零售商在质量安全可追溯行为激励中最显著的不同之处（Pettite，2001）。

以上文献综述较多体现了生产者行为激励上的多样性，而仍有一些共性特征和研究趋势需要提及。首先，内外部环境对生产者质量安全可追溯行为的激励作用显著。内部环境因素通常包含生产者所具有的人口统计学特征、组织结构、规模、运营模式、战略导向、生产技术和企业文化等，而外部环境因素则包括产业结构、产业政策和政府管制（Gracia 和 Zeballos，2005；Goldsmith，2004；Resende-Filho，2006；Jones 等 2004；Dessureault，2006）。其次，初级生产者、加工者和零售商在农产品供应链上形成上下游继起关系，下游生产者形成了上游生产者的产品市场，下游生产者需求随之成为上游生产者质量安全可追溯行为的重要激励因素（Hatanaka 等，2005；Henson 等，2005）。最后，交易费用经济学理论日益出现在生产者行为激励的研究中，大多数研究倾向于将质量安全可追溯视作一种供应链组织间的纵向协作（Spriggs，Hobbs 和 Fearne，2000；Young 和 Hobbs，2002；Buhr，2003），交易费用成为生产者质量安全可追溯行为的重要激励因素，其中的资产专用性和不确定性被反复强调（Buhr，2003；Banterle 等，2006；Becker，2007；Souza-Monteiro 和 Caswell，2010；Wang 和 Bravo，2010），遗憾的是，由于交易费用测度存在一定困难，实证研究仍处于起步阶段。

国内针对生产者质量安全可追溯行为激励的研究较多集中于农户等初级生产者（周洁红，2005；2007；赵荣和乔娟，2011），近年来，少数研究开始关注企业（刘青宇，2010；杨秋红，2008；周洁红、陈晓莉和刘青宇，2012；胡求光、童兰和黄祖辉，2012)。大量生产者行为激励的理论和实证研究表明，对预期成本收益的权衡决定了质量安全可追溯行为的供给(杨永亮，2006；周洁红，2005；2007)，这点与国外研究一致。国内研究普遍将生产者行为的激励因素分为两类，一类为市场因素，包括盈利能力提高、产品质量提高、顾客需求、成本降低、市场份额扩大等与竞争力相关的各项因素；另一类为管制因素，这类因素既可能是政府颁布的管制规范和标准等“事前”因素，也可能是通过法律诉讼要求生产者对问题产品造成消费者损失进行赔偿的“事后”因素（元成斌，2009)。当然，一些特征因素，如规模、经营者意识、文化程度、战略和业务类型等的激励作用也是显著的（周洁红，2005；2007)。与国外研究不同的是，尽管生产者行为通常是两类因素共同作用的结果，但对不同生产者，主导激励因素却是不同的。对于农户等初级生产者而言，由于优质优价的市场机制不健全，导致市场因素的作用不足，管制因素通常成为主导（姜励卿，2008；赵荣和乔娟，2011)；而那些组织化程度较高的企业组织，结果则恰恰相反（杨秋红，2008；张仕都，2009；叶俊焘和胡亦俊，2010；刘青宇，2010)，这显然与我国农产品（食品）供应链的结构、特征及发育程度相关。另外，国内研究多将行为发生理论（如计划行为模型和农户投资模型）引入实证中，研究对象主要涉及肉菜等必需品（叶俊焘，2012；周洁红、陈晓莉和刘青宇，2012)。

3. 关于行为协同的研究

质量安全可追溯是一种纵向协调机制，需要供应链上下游组织的参与和协作才能真正发挥作用（Wiemers，2003；Bracken 和 Matthews，2005；Resende-Filho，2006；Riden 和

Bollen，2007；Senneset 等，2007）。学者们最初试图利用统一标准实现质量安全可追溯的协同（Simpson，Muggoch 和 Leat，1998），实践中却发现，一致性标准只能达到形式统一，真正的协同却无法实现。原因在于，供应链上生产者出于目标和势力不同，统一标准无法实现所有参与者利益最优，由于可能会遭受福利损失，许多生产者最终退出了对质量安全可追溯的参与（Mitic，2006）。此外，标准的制定往往是集中于主导生产者和政府，他们会较多考虑自身利益，而较少关心其他生产者（Sanderson 和 Hobbs，2006），欧盟强制性质量安全可追溯标准所遇到的窘境就是最好的例证。既然强制性协同无法实现，就需要引入市场机制（Lindgreen 和 Hingley，2003；Clemens，2003），一个公认有效的手段就是通过条件支付实现行为的协同，条件支付的实质就是利用价格杠杆实现质量安全可追溯利益的合理分配，交易中对具有不同可追溯特征的产品进行价格折扣和溢出，以此来协调参与者行为（King，Backus 和 Gaag，2007；Resende-Filho 和 Buhr，2008；Pouliot 和 Sumner，2008）。此类研究通常在初级生产者和企业间建立委托代理模型，下游企业通过质量安全可追溯控制上游生产者的质量安全管理行为，以此来实现行为协同，并获取经济利益，这一经济利益通常被视作是后向控制绩效（Hobbs，2004），受到风险偏好、行为成本、食品安全事件发生概率及损失等因素的影响（Resende-Filho 和 Buhr，2008）。

国内学者对生产者质量安全可追溯行为协同的研究较少。近年来，一些针对农户与企业纵向协作的研究中仅零星说明了此问题（王孝莹，2006；王亚静，2007；景为，2008；王瑜，2008），尚缺乏系统深入的研究。

2.2.2 质量安全可追溯绩效的国内外研究

尽管在第1章绪论的概念界定中，质量安全可追溯绩效被分为运作绩效和后向控制绩效，但当前国内外学者却并未在质量安全可追溯绩效的研究中做以上区分，仅从绩效评价和绩效影响因素两方面展开。尽管如此，国外研究中依然隐含了对运作绩效和后向控制绩效的研究，国内研究则很少涉及。

1. 关于绩效评价的研究

“绩效”在管理学上被定义为个人或组织为实现其目标而展现在不同层面上的有效输出，其实质是衡量一个组织或个人在一定时期内的投入产出情况（罗宾斯，1998）。基于这一定义，国外对质量安全可追溯绩效的研究大多通过成本收益展开。

(1) 关于收益评价的绩效研究。国外研究普遍将质量安全可追溯收益概括为三个方面，即供应链管理、食品质量安全控制和产品差异化（Golan 等，2004）。

供应链管理的收益通过农场到零售商效率的改善获得。质量安全可追溯提供给初级生产者产权保护，有效减少控制成本，并沿供应链向下传导（Barcos，2001；Bollen，Riden 和 Cox，2007）。除产权保护外，供应链组织倾向于利用质量安全可追溯减少风险（Bailey，2004；Bailey 和 Hayes，2002），由于下游组织能利用质量安全可追溯验证信用特征的真实性，并能回溯至源头，生产者则很少有机会在反映生产情况的记录上进行欺骗（Bertolini，Bevilacqua 和 Massini，2006）。事实上，供应链管理的利益来源于供应链各阶段不断增加的透明度（Bracken 和 Matthews，2005；Blancou，2001）。

食品质量安全控制的收益分布于供应链各阶段，总体上看，对于所有供应链组织而言，质量安全可追溯能显著减少责任及产品召回的概率（Animal Health Australia，2003）。同时，加工者和零售商还能够利用质量安全可追溯，保持食品安全危机发生时消费者信心（Bertolini，Bevilacqua 和 Massini，2006）。初级生产者通过质量安全可追溯获得对产品质量安全监督的额外利益，这可能会提高其生产力，因为质量安全可追溯能提供可证实和完整的质量安全控制及生产记录，允许问题产品进入供应链的风险被大大减少（Alberta Agriculture and Food，2007）。因此，初级生产者安全、诚实地出售产品是有益的。加工者则可能由于质量安全可追溯降低了风险而从减少的保证佣金中受益（Becker，2007）；以食品质量安全控制为目标的质量安全可追溯给予消费者的收益是最大的，因为很难保证食品是绝对安全的（Blancou，2001）。另外，在食品质量安全控制上，质量安全可追溯也能带来一些管制和公众利益，因为它可以减少食源性疾病的发生，从而减少社会及健康成本（Basarab，Milligan 和 Thorlakson，1997；Bollen，Riden 和 Cox，2007；Souza-Monteiro 和 Caswell，2004）。食品质量安全控制的收益本质上还是来源于供应链透明度的提高。

产品差异化导致消费需求增长对所有存在营销职能的生产者都产生潜在利益（Hobbs，Yeung 和 Kerr，2007；Golan 等，2004；Hobbs，2003；Hobbs 和 Sanderson，2007）。质量安全可追溯通过对产品沿供应链活动情况的记录，增加了销售信用品特征的能力（McKean，2001）。此外，对大多数生产者而言，一个潜在的但存在争议的利益是初级生产者、加工者和零售商标注其产品含有信用特征所产生的价格溢出（Meuwissen 等，2003)。但把价格溢出作为收益的证据仍然是不确定的，尽管消费者通常表示他们愿意为更安全的食品支付更多，但购买决策却受到经济便利性的影响（Meuwissen 等，2003；Loureiro 和 Umberger，2007)。

国外研究普遍将质量安全可追溯的收益归结为供应链透明度的增加（Hobbs，Yeung 和 Kerr，2007)，这与质量安全可追溯的基本原理相符。透明度会改善生产和销售等活动的效率，并向消费者确保其信用特征的可证实（Golan 等，2004)；信息传递效率的改善提高了生产者对供应链的驾驭能力，更高效率和更低成本会潜在地从农场到零售环节中得以实现。

（2）关于成本评价的绩效研究。国外研究对质量安全可追溯成本的分类与收益一致。供应链管理的成本包括产品在供应链上移动效率降低所产生的成本（Hobbs，2003)，对上游供应链组织实施控制以确保质量安全可追溯顺利运行而在所有供应链环节产生的管理成本（Gardner Pinfold Consulting Economists Limited，2007；Clemens 和 Babcock，2002；Buhr，2003)，其他由政府等利益相关者所引起的额外控制和执行成本（Hobbs，Yeung 和 Kerr，2007)。食品质量安全控制成本包含的指标更为丰富，诸如装备费用、流程更改、由于确保质量安全而增加的劳动时间、认证检测费用及食品质量安全规划的管制和监督成本（Disney 等，2001；Golan 等，2004；Buhr，2003；Meuwissen，Velthuis 和 Huirne，2003)，增加劳动意味着在供应链的种养、加工和零售环节花费更多的时间为产品贴标签、读取标签和检测产品，由此会产生成本，但一些研究也认为，质量安全可追溯实际上减少了流通阶段所用花费的劳动时间（Bracken 和 Matthews，2005)。消费者可能会由于质量安全可追溯成本而需要支付额外的价格溢出（Meuwissen 等，2003），同时还可能会造成某些隐私的泄露（Popper，2007）。产品差异化的成本则来自供应链组织为了重新向消费者确保他们产品的质量安全特征而进行额外广告和促销所产生的费用。另外，根据 Loader 和 Hobbs（1996）的研究，在国外一些特定农产品供应链中，如牛肉供应链，如果商家不经过拍卖市场而直接向农场至屠宰阶段供应链主体购买牛肉，那么拍卖市场还会承受佣金的损失。总之，质量安全可追溯的主要成本随供应链主体改变和控制程度的变化而变化，定量测定似乎很难。

（3）关于成本收益综合评价的绩效研究。成本收益的综合评价有利于反映质量安全可追溯的绩效水平，收益是否真正超过成本，对于判断是否存在绩效且程度如何至关重要，经验研究也表明，预期绩效还会影响质量安全可追溯的供给行为（Monteiro 和 Caswell，2009）。国外学者试图对质量安全可追溯的成本收益情况进行全面量化评估，个别研究提供了对消费者支付意愿和利益相关者成本收益的量化评估（Dickinson 和 Bailey，2005；Ward，Bailey 和 Jensen，2005），少量案例研究关注了供应链组织实施质量安全可追溯的直接费用（Disney 等，2001；Farm Foundation，2004；Manning 等，2003；2004；2005；2006；2007a；2007b），以及遵从各种法规和原产地标签所导致的成本支出（Hanselka，2004；Brester，Marsh 和 Atwood，2004），但仅仅只提供了质量安全可追溯如何以成本分担和政府参与形式对市场参与者产生影响的部分指导。事实上，这些文献的关键局限在于，由于农产品供应链及其成员活动的日趋复杂，在供应链背景下量化利益相关者的经济影响存在相当大困难，一些定量研究多借助调查对象的反应来估计成本收益情况（Dessureault，2006）。因此，尽管存在少数定量研究，但从整体上看，当前国外针对质量安全可追溯成本收益综合评价下的绩效研究仍属于定性研究范畴。

由于定量研究的困难，通过成本收益综合评价来判断质量安全可追溯绩效则大多需要一些臆测。不同农产品供应链下，绩效显示出很大不同，以国外研究较多关注的美国和加拿大牛肉供应链为例，在农场环节中，对于母牛犊的养殖者、饲料生产者、牛奶生产者和储运者来说，如果这些生产者能通过质量安全可追溯获取价格溢出，收益是超过成本的（Fearne，1998；Bailey，2004），但这一情况并不总是出现，因此，此阶段的绩效不确定（Animal Health Australia，2003；Gardner Pinfold Consulting Economists Limited，2007）。而在饲育阶段，无论是商业的还是农户自营的饲育场，成本收益比却是不确定的，因为文献中得出了的结论经常相互矛盾，Buhr（2003）认为小规模企业将会获得更高效率，而 Bailey（2004）和 Golan 等（2004）则声称年度成本在大企业总是逐渐减少的。对于省际间进口和拍卖市场来说也存在着不确定性，成本可能从零变化到数千美元。较为一致的观点是，在饲育阶段，从事出口业务的企业，其收益远大于成本，且随着出口业务的增长，收益也增大；但从总体看，饲育环节的绩效还有待商榷（Brester，Marsh 和 Atwood，2004；Bailey，2004；Buhr，2003；Hobbs，Yeung 和 Kerr，2007）。屠宰阶段的绩效也存在不确定性，在解决最低限度的质量安全市场失灵中，存在一定的绩效，即收益高于成本（Bailey，2004；Golan 等，2004）。加工阶段的质量安全可追溯将在改善出口产品能力和增加信誉上存在更大收益（Hobbs，Yeung 和 Kerr，2007；Loader 和 Hobbs，1996），但是成本变化却存在不确定性，因此这个阶段的绩效也不确定。分销阶段如果有更大出口潜力或食品召回事件发生，那么收益将超过成本，则绩效显著（Hobbs，2003）。消费者认为牛肉质量安全可追溯是有益的，因为它提供了食品质量安全保证和增加了产品差异化（Bracken 和 Matthews，2005；Hobbs，2003；Hobbs，Yeung 和 Kerr，2007）。但 Hobbs（2003）的研究却表明，仅仅质量安全可追溯对大多数消费者来说是没有价值的，必须与其他质量安全特征绑定才显示出价值。政府或公共部门也认为质量安全可追溯是有绩效的，因为通过整个国家的导入存在规模经济性，并且其对牛肉供应链中新疾病和其他质量安全变化的积极监管有很大潜力，并能方便省际间贸易（Animal Health Australia，2003）。

国内对于质量安全可追溯绩效的系统深入的研究较罕见，现有研究也大多基于成本收益展开，但基本未见供应链分阶段的研究。吴秀敏团队在近几年的研究中逐渐建立了食品加工企业质量安全可追溯绩效分析的理论框架，他们认为用以评价绩效的成本收益指标主要集中在可追溯程度、供应链管理、质量管理水平、产品竞争力与经济效益四个方面（杨秋红，2008；元成斌，2009；闫倩，2011；赵智晶，吴秀敏和谢筱，2012），由于数据获取上的困难，研究也需要引入一些臆测。实际上，已有的研究也遭到了许多质疑，许多学者认为，食品加工企业作为研究对象太为笼统，所得出的结论可能存在适应性问题，因为绩效通常也随产品种类和企业特征的不同呈现较大变化。近来一些学者将视角转向宏观，利用统计数据，针对在出口贸易上的绩效进行了实证分析，结果表明，质量安全可追溯在促进出口贸易上形成了较为显著的绩效（胡求光和童兰，2012）。

2. 关于绩效影响因素的研究

国外针对成本收益综合评价的质量安全可追溯绩效研究呈现出多样性，在不同供应链和不同参与者间显示出较大差异，因此，对绩效影响因素的研究显得极其重要，它决定了主体运作模式及相关政策导向（Cheek，2006；Souza-Monteiro 和 Caswell，2004；Hobbs，2003；Golan，2003）。绩效理论认为，任何组织或个人活动的绩效均受制于其所处的内外部环境（Robbins，1996；Porter，1985），在这一框架指导下，国外学者展开了许多卓有成效的研究。

(1) 关于外部环境因素的研究。基于市场经济的背景，国外对于质量安全可追溯绩效影响因素的研究存在一个基础认同，即消费者是一切质量安全可追溯绩效产生和变化的出发点，是最重要的影响因素，因为绩效来源于消费者对质量安全可追溯的意愿支付，并通过供应链在不同主体间分配，如果质量安全可追溯没有使消费者在利益最大化和食用经验上获得福利增进，将无法获取市场利润，绩效也就失去了根基（Jonge 等，2008；Davies，2004；Clemens 和 Babcock 2002；Bulut 和 Lawrence，2007）。实践中，消费者由于消费习惯、文化差异等在意愿支付水平上表现出较大不同，致使绩效始终处于不断变化中（Liddell 和 Bailey，2001；Loureiro 和 Umberger，2007；Martin，Grier 和 Dessureault，2004；Checketts，2006），其他一些与消费相关的因素，如品牌、企业资质等，均通过作用消费者而对绩效产生影响（McKean，2001；Dessureault，2006；Bulut 和 Lawrence，2007）。除消费者的基础作用外，国外研究还非常强调政府等利益相关者的影响，特别是在消费者意愿支付较低时，政府影响则更为显著，因为在较严格的监管环境下，问题产品所引发的绩效损失通常是巨大的（Sparling 和 Sterling，2004；Bailey，2004；Golan，Krissoff 和 Kuchler，2002；Golan 等，2003；Hobbs，2003；Jones 等，2004；Resende-Filho 和 Buhr，2008）。而食品安全事件发生的概率则通过消费者和政府传递其影响，任何食品安全事件的发生都伴随着消费者消费信心的低迷及政府管制的增强，由此带来质量安全可追溯绩效的大幅改变，从这一点上看，政府和消费者似乎是外部环境因素的核心（Becker，2007；King，Backus 和 Gaag，2007；Charlier 和 Valceschini，2008）。

（2）关于内部环境因素的研究。Dawn，Goddard 和 Nilsson（2008）认为实践者是质量安全可追溯取得绩效的关键。内部环境因素的一个总体判断来自于 Williamson 等（1996）和 Dessureault（2006）对实践者调查所得出的结论，不同实践者对绩效的看法是不同的，因而绩效的判断存在相当大的主观性，且在年龄、受教育程度、业务类型、规模、食品安全意识等实践者特征上显示出差异（Monteiro 和 Caswell，2009），这一观点在一些实证研究中体现得淋漓尽致（Sparling 等，2006；Spriggs，Hobbs 和 Fearne，2000）。由于大多数研究更加赞同质量安全可追溯是组织行为，因此组织特征也被纳入到内部环境因素中加以考察，典型的组织环境因素在于各种追溯技术的采用，如 DNA 技术、数据传输技术、快速检测技术、无线射频技术（RFIDS）、视网膜扫描技术、条码技术（EAN. UCC）和标签技术（EID）等，这些技术的采用通过减少各类控制成本和劳动力支出而增进绩效（Karlsen，Olsen 和

Dunnelly，2009；Jones 等，2005；Kelepouris，Pramatari 和 Doukidis，2007；Manning 等，2003；Meuwissen 等，2003；Mousavi 等，2002；Senneset 等，2007），不同追溯技术对质量安全可追溯绩效所实施的影响是不同的，但一致性结论却未得出；一些质量安全管理体系和国际标准的执行，如 HACCP 体系、ISO 或 GS1 标准等，由于包含与质量安全可追溯相同的原理，也大大降低了质量安全可追溯建设的难度，能达到追溯技术同样的效果（Can-Trace，2006；Dessureault，2006；Golan 等，2000；Mitic，2006）。深入研究集中于对组织交易特征的关注，普遍的观点是，交易越稳定，对象越简单，物流路径越单一，纵向协作关系越紧密，在供应链效率、食品质量安全管理上所获得的收益越高，而在控制及协调上所付出的成本则越低，总体绩效水平得以增进（Buhr，2003；Hobbs 和 Kerr，2006；Martin，Grier 和 Dessureault，2004；Riden 和 Bollen，2007；Banterle 和 Stranieri，2008）。对于那些基于供应链的质量安全可追溯而言，供应链结构的复杂性及个体组织的势力决定了绩效的分配，因此，它们对质量安全可追溯绩效的影响是显而易见的（Starbird 和 Amanor-Boadu，2006；Maurizio 等，2010；Pouliot 和 Sumner，2008；Sylvia 和 Morrissey，2005；McEvoy 和 Souza-Monteiro，2008），但仍有一些研究认为，这些影响有时可能会受到特定国家产业政策的限制（Schofield，2002；Souza-Monteiro 和 Caswell，2004）。

内部环境因素和外部环境因素间存在一定的交互性，它们共同作用于绩效，直接的证据来源于产品的品牌特征可激发消费者的意愿支付，从而提高质量安全可追溯绩效，前者是典型的内部环境因素，而后者则是典型的外部环境因素（Cox，

Chicksand 和 Yang，2007)。外部环境因素影响内部环境因素的情况则更加普遍，因为经济组织和个人的所有活动本身就深处不断变化的外部环境中。当然仅仅这些还远不能说清楚这些交互性的内在机理，因为实践中出现了极度复杂的交互影响（Bevilacqua，Ciarapica 和 Giacchetta，2009)，深入研究正朝这方面努力。

国内对质量安全可追溯绩效影响因素的理论和实证研究直到近来才出现，所涉及的文献极为稀少。在这些研究中，企业特征显著影响质量安全绩效已成为共识，包括规模、区域、所有制结构、业务类型和产品类别等（赵智晶、吴秀敏和谢筱，2012)。除此之外，实证研究中还引入了市场环境特征（吴秀敏和严莉，2012)，但从理论上看，仅仅这些影响因素是不够的，一些典型因素，如交易特征和政府监管等因素似乎被忽略了，因而建立一个完善的质量安全可追溯绩效影响因素的分析框架是非常必要的。

2.2.3 简评

尽管国内外学者几乎从同一时间开始围绕农产品（食品）供应链质量安全可追溯开展了大量理论和实证研究，并取得了许多卓有成效的研究成果。但在研究内容、分析框架、研究方法和研究深度上显示出较大差异。

第一，研究内容上，国外研究较为完善，基本涵盖了质量安全可追溯的方方面面，主要包括行为主体选择，不同主体行为发生、演化及交互，行为绩效及其影响因素等，在此基础上强调不同主体间行为的协调和整合，形成了科学合理的研究体系。需要指出的是，国外学者的微观研究多以供应链核心主体为中心展开；但出于饮食习惯的原因，国外对于猪肉供应链质量安全可追溯的研究较少，研究也未在运作绩效和后向控制绩效间做明显区分。国内研究普遍缺乏对质量安全可追溯的科学认识，很少关注供应链背景下行为主体的选择，现有研究较多关注农户，较少关注企业。研究的切块迹象明显，关联度不强，尚未形成合理的研究体系。而对于绩效的研究则少之甚少。

第二，分析框架上，国外学者吸收已有理论经济学研究成果，建立和发展了质量安全可追溯的经济理论，并构建相关研究的分析框架，这其中包括供应链管理理论、食品安全管理理论、信息经济学理论和交易费用产业经济学理论等，这些理论的引入促使研究过程更为精细，研究结论更趋合理。相比之下，许多国内研究的分析框架仍缺乏必要的理论基础，特别是在绩效的研究上尚未形成有效的分析框架，研究结论有待商榷。

第三，研究方法上，一些应用经济学领域所使用的模型和方法被大量引入到国外研究中，包括效用模型、委托代理模型、实验拍卖法和条件价值评价等，致使研究的规范性和科学性大大增强。国内研究仅在行为研究中较多采用行为发生模型或农户投资模型，对行为发生、发展和演化机理的探索存在较大局限。

第四，研究深度上，国外学者除注重不同主体行为间协调和整合而导致较为深入的研究外，还普遍将质量安全可追溯看作是一种供应链组织间的纵向协作机制，为引入交易费用产业经济学理论进行研究提供了契机。近来这一理论较为频繁地被用于行为研究中，深入揭示了行为发生、发展和演化的机理，遗憾的是，实证研究仍较缺乏。相比之下，国内研究对此较少涉及，深入研究仍显不足。

尽管国外研究在研究内容、分析框架、研究方法和研究深度上均优于国内研究，但鉴于政策环境、农业产业发展及供应链发育程度的差异，国外研究所得出的结论在我国存在适应性等问题。鉴于此，本研究在借鉴国外研究的基础上，以猪肉加工企业作为对象展开研究，在对我国猪肉供应链及质量安全管理状况进行全面分析的基础上，探索猪肉加工企业作为猪肉供应链质量安全可追溯建设核心主体的经济合理性，构建交易费用实证框架对猪肉加工企业质量安全可追溯行为的发生、发展和演化机理进行系统研究，进一步借助管理学“绩效”理论将猪肉加工企业质量安全可追溯绩效区分为运作绩效和后向控制绩效，引入成本收益和委托代理模型进行全面、科学分析。通过有效揭示供应链背景下猪肉加工企业主导的质量安全可追溯体系形成和发展的规律，弥补国内外研究的不足，为提高猪肉供应链质量安全管理水平提供指导。

第3章　我国猪肉加工企业质量安全可追溯建设情况及关键问题

3.1　猪肉供应链及质量安全管理

3.1.1　猪肉供应链结构及特征

1. 猪肉供应链的结构

结合国内外学者对农产品供应链的定义（陈超，2003），猪肉供应链可定义为满足终端消费者对猪肉的需求集合种猪及肥猪生产、生猪屠宰加工以及猪肉贮运、销售和消费环节的一个具有延续性且不断运动的链条。与猪肉供应链密切相关的兽药、饲料、疫病防治、检验检疫等不在主链条上，构成了猪肉供应链外部产业环境因素。

依据以上定义，猪肉供应链结构如图3.1所示：

2. 猪肉供应链的特征

（1）养殖环节的特征。养殖环节是指猪肉形成和产生的过程，主要是通过对种猪的繁育、育肥和增重，达到屠宰要求。在我国，养殖环节是典型的农业生产过程，主体包括生猪散养户、专业养殖户、养殖小区、规模养殖场等。由于我国农业生产组织化程度低，各类养殖主体规模普遍偏小，根据国家统计局和农业部发布的相关数据，2010年，我国31个省、直辖市、自治区（不包括港澳台地区）共出栏生猪66 686万头，

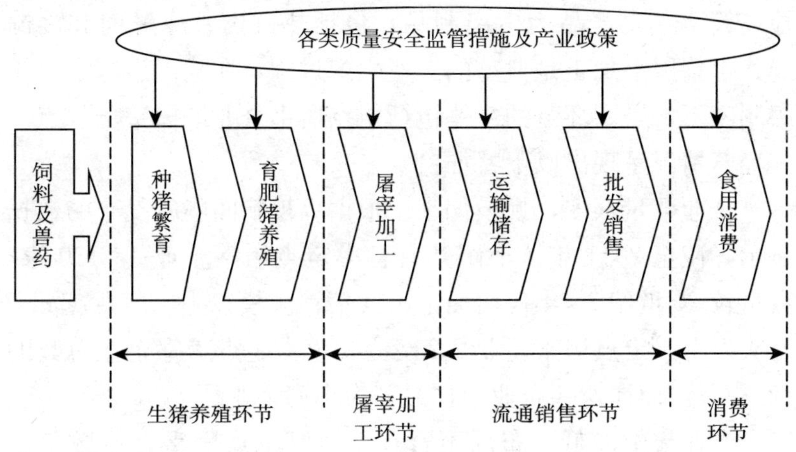

资料来源：朱莹莹（2008）。

图 3.1　猪肉供应链结构示意图

其中 70%的生猪是由散养户供应，养殖规模在 500 头以上的养殖单位提供的生猪共占当年生猪出栏量的 23%左右，养殖规模在 10 000 头以上则占 5%左右。而在美国，排名前 20 位企业的生猪养殖量就占到了总供应量的 70%以上①。从地域上看，2010 年，我国生猪出栏量最多的是四川省，其后依次为湖南和河南，其他省、市、自治区生猪养殖数量差异很大。综合以上数据可以看出，我国生猪养殖环节呈现出地域集中度低，养殖规模小等特点。

（2）屠宰环节的特征。屠宰环节是将符合动物检验检疫标准的生猪加工成安全卫生猪肉的过程，包括击晕、刺杀放血、烫毛、刮毛或剥皮、去内脏、胴体整理、劈半、冲洗、分割、

① http：//www.shouyao8.com/news/6/29466.html.

检疫等，主要产品为生肉制品，包括热鲜肉、冷鲜肉和冷冻肉。生猪屠宰加工是典型的工业生产过程，在我国生猪定点屠宰制度下，屠宰环节的主体包括定点屠宰企业或屠宰场（点），其经营情况呈现出以下特征：

企业数量众多，规模偏小。根据央视新闻网所发布的数据显示，截至2011年，全国共有各类定点屠宰企业18 150家，数量较20世纪80年代增加了十几倍；规模以上（年屠宰量2万头以上）定点屠宰企业2 237家，仅占定点屠宰企业总数的12.33%，而在这些企业中，91%为小型企业。

产业集中度低，布局不合理。尽管定点屠宰企业数量较2009年的2.06万家有明显下降，但从生产能力上看，2011年规模以上屠宰企业年屠宰生猪约2.1亿头[①]，不足全年生猪屠宰总量的三成，产业集中度明显偏低，2011年规模以上定点屠宰企业各项经济指标如表3.1所示。此外，从整体上看，我国定点屠宰企业的布局极不均衡，绝大多数为县镇屠宰企业，以养猪大省四川为例，小型屠宰企业占51.23%，乡镇屠宰企业占90.13%，规模以上屠宰企业仅占5.69%。定点屠宰企业布局不合理极大制约了产业发展。

表3.1　2010年规模以上定点屠宰企业各项经济指标

	数量（家）	占比（%）	销售收入（亿元）	占比（%）	利润（亿元）	占比（%）	资产总额（亿元）	占比（%）
大型企业	17	1	561	14	22	14	333	22
中型企业	191	9	1 146	30	40	26	490	33

① http：//www.sn110.com/news/Animal/20111222/show_131290.html.

（续）

	数量（家）	占比（%）	销售收入（亿元）	占比（%）	利润（亿元）	占比（%）	资产总额（亿元）	占比（%）
小型企业	2 029	91	2 176	56	92	60	676	45
合计	2 237	100	3 883	100	154	100	1 499	100

资料来源：中国肉类协会。

机械化生产程度低，产能过剩。根据商务部市场秩序司全国屠宰行业管理信息系统显示，2011 年我国定点屠宰企业中，采用机械化屠宰的企业 0.31 万家，占总数的 17.1%，半机械化屠宰的企业 0.52 万家，占总数的 28.7%，其余均为手工屠宰，由此可见，屠宰的机械化程度偏低。同时，机械化屠宰在地区间显示出很大差异，东部经济发达地区和传统畜牧业发达地区的程度较高，而中西部经济欠发达地区的程度偏低。与此同时，我国屠宰业的产能却普遍过剩，2011 年，我国定点屠宰企业设计年产能为 9.25 亿头，实际消耗为 2.13 亿头，不足三分之一，大量落后产能及闲置产能极大削弱了定点屠宰企业的市场竞争力①。

代宰业务为主，品牌经营缺失。目前我国定点屠宰企业的经营模式大致可分为代宰、自营和混合三种。自营是指收购、屠宰、加工与销售都由企业自行承担；代宰是指利用企业设备替其他企业或个人进行屠宰，并收取相关费用；混合则是介于代宰和自营之间的一种模式。根据商务部市场秩序司全国屠宰行业管理信息系统显示，在 2011 年全国 18 150 家定

① 数据来源于全国屠宰行业管理信息系统。

点屠宰企业中，代宰、自营和混合三种经营模式的占比依次为52.36%、11.57%和36.07%，由此可见，代宰仍是我国定点屠宰企业最主要的经营模式，即使是双汇和雨润等屠宰行业的龙头企业，代宰业务的营业收入及利润也占据了相当大比重①。代宰经营模式严重制约了我国屠宰行业的发展，由于其无法实现商品产权的转移（周德翼，2005），因而加大了肉品质量安全管理的难度。在代宰模式下，屠宰企业无法有效实现品牌化经营，目前为止，全国仅有肉类品牌500余个，全国性知名品牌主要是双汇、雨润、金锣等，其他一些区域性品牌主要有四川高金、顺鑫农业、河南众品、北大荒、新希望等。

（3）加工环节特征。加工环节是指将屠宰好的猪肉加工成各种猪肉制品的过程，主要产品为熟肉制品和深加工产品，包括高温肉制品和低温肉制品。这一环节的主体包括各类肉制品加工企业，呈现出以下特征：

产量增长迅速，但比重较低。与屠宰环节相比，加工环节产业成熟度较高，行业格局较为稳定，生产能力不断提升，2000—2010年，肉制品产量复合增速达到了12%。但由于消费习惯和技术水平的影响，我国肉制品占肉类总产量的比重相比于发达国家仍较低。2010年，我国肉制品及副产品加工的产量约1 254万吨，占肉类总产量的比重达到15%左右，而西方发达国家肉制品往往占到肉类总产量的30%～40%，个别国家甚至达到60%以上。

企业规模较小，集中度偏低。我国肉制品行业集中度低于

① 数据来源于《中国肉类协会和中国屠宰和肉制品产业结构和竞争格局》。

发达国家，提升空间较大，肉制品加工企业规模普遍较小。2010年规模以上肉制品加工企业共1 784家，91%为小型企业，大型企业仅为12家[①]。在集中度方面，目前我国肉类行业位列前三位的双汇、雨润和金锣肉制品加工量约占全国肉制品加工总量的20%，而发达国家，如美国，肉制品加工前五名企业的集中度可以达到50%以上。较低的集中度致使规模效应不明显。

产品种类繁多，技术水平较低。目前我国肉制品主要包括猪肉、禽肉、牛肉、羊肉和杂畜肉制品，其中猪肉制品所占比重最高，约占64%以上。生产工艺上，70%肉制品为高温肉制品，但这类产品营养损失大，经济附加值低，食品安全风险高，相比之下，低温肉制品营养损失少，经济附加值高，食品安全风险低，是未来市场需求的方向，但需要较先进的加工技术。较低比例的低温肉制品也说明我国肉制品企业的生产技术水平偏低。

(4) 销售环节特征。销售环节是指通过商品交易手段将猪肉产品转移到消费者的过程。主体包括从事批发、零售以及流通的个体工商户和企业。

不同猪肉产品在销售渠道上显示出较大差异，生鲜类猪肉产品受传统消费习惯的影响，主要走产地批发市场—销地批发市场—农贸市场的销售路径，随着现代流通模式的引入，越来越多的猪肉尤其是冷鲜肉也开始在个体零售店、专卖店和超市进行销售；猪肉制品的销售则大多通过个体零售店和超市完成。总体上看，各类农产品交易市场仍是我国猪肉产品销售的

① 数据来自《中国轻工业年鉴2011》。

主要渠道[①]。《中国商品交易市场统计年鉴 2011》的统计数据显示，2010 年我国共有各类农产品交易市场 981 家，从事肉禽蛋交易的专业市场 124 家，其中主营批发业务的市场 79 家，摊位数 22 817 个，营业面积 2 678 417 平方米，年成交额 6 828 091 万元；主营零售业务的市场 45 家，摊位数 19 211 个，营业面积 434 342 平方米，年成交额 1 307 399 万元。

（5）消费环节特征。消费环节是指消费者在日常生活中食用和消耗猪肉产品的过程，预示着猪肉产品价值的实现。猪肉消费者一般包括家庭消费者、餐饮经营者及机关、学校等团体消费者。

当前我国居民的猪肉消费仍以生鲜猪肉为主。随着社会经济的发展和人民生活水平的提高，猪肉消费量有了显著提高，根据国家统计局提供的统计数据显示，城镇居民年人均猪肉消费量由 1990 年的 18.46 千克上升至 2010 年的 20.73 千克，农村居民人均猪肉消费量的增幅更大，由 1990 年的 10.54 千克上升至 2010 年的 14.40 千克。由于经济发展水平、民族宗教和消费习惯的不同，不同区域猪肉消费存在很大差异，经济发达和人口稠密的东部地区猪肉消费量较大，而经济欠发达和少数民族聚集的中西部地区猪肉消费量则较少。随着消费者对猪肉质量安全的关注，市场上具备不同质量安全特征的产品对应不同的价格，且形成一定差异，由此将猪肉消费群体划分为中高端消费者和低端消费者。

（6）其他环节的特征。其他环节通常包括储运环节和饲

① http：//www.chinafeed.org.cn/cms/ _ code/business/include/php/2964117.htm.

料、兽药等投入品供应及政府相关部门的卫生检疫。储运环节是指猪肉供应链上各种形态的物质流动及保存的过程，主要包括育肥猪运往屠宰场的生猪运输，屠宰后直至销售阶段的猪肉运输和贮藏。生猪运输属于活体运输，聚集在一起容易滋生疫病，猪肉由于其生物特性，在运输过程中容易发生腐败和变质，因此猪肉运输过程伴随着对物质储藏的要求，储运环节对整个猪肉供应链质量安全控制也构成直接影响（李晓红，2005）。而政府相关部门的卫生检疫则包括生猪产地检疫、屠宰场检疫、运输过程检疫以及零售市场的检疫等。

3.1.2　猪肉供应链的质量安全管理

1. 我国猪肉供应链质量安全管理体系

我国猪肉供应链质量安全管理体系由政府监管体系、法律法规体系和质量标准体系构成，参与者包括各级政府、检验检疫机构、认证机构、标准制定机构、企业和个人，体系在运作过程中遵循“政府主导、多方参与”的原则，通过法律、标准和认证形成了三位一体的管理格局。

《中华人民共和国食品安全法》确立了我国政府对于猪肉在内的一切食品质量安全的“分段监管”模式，即养殖环节主要由农业部门监管，屠宰环节主要由商务部门监管，加工环节主要由质检部门监管、销售流通环节主要由工商和卫生部门监管，出口产品统一由进出口检验检疫部门监管，食品和药品监督管理部门负责综合协调职能，公安部门则对猪肉供应链各环节遵守法律法规情况进行监督。此外，中央政府成立了由国务院食品安全委员会，负责全国食品安全的综合管理，各省、直辖市、自治区政府也设立了相应的食品安全管理机构，承担本地区食品安全管理职能，形成了国家到地方的监管体系。

法律法规是我国开展猪肉供应链质量安全监管的基础和依据，目前与猪肉质量安全有关的国家法律法规体系包含三个层次。第一层次主要是由中央政府制定并由全国人大审议通过的具有最大约束力的法律，主要有《中华人民共和国食品安全法》《中华人民共和国农产品质量安全法》《中华人民共和国畜牧法》《中华人民共和国动物防疫法》《生猪屠宰管理条例》《中华人民共和国标准化法》等。第二层次则是中央政府各职能部门按照自身监管范围所制定的法规和政策，如《农产品质量安全监督管理办法》《动物检疫管理办法》《定点屠宰场点管理制度》《屠宰执法监督检查人员管理办法》等。第三层次是各地方政府根据本地区猪肉质量安全状况所制定了符合本地实际的法规和制度，如《浙江省实施〈生猪屠宰管理条例〉办法》《江西省关于促进畜牧业持续健康发展的实施意见》等。

实施标准化生产是保证猪肉质量安全的有效途径，在政府推动和企业参与下，我国已形成了猪肉生产的标准化体系，主要包括 ISO9000 系列标准，GMP 标准，HACCP 标准，QS 标准，猪肉卫生标准（GB2707—94），无公害、绿色和有机食品标准等。目前，我国猪肉供应链上已形成了由国际标准、行业标准、地方标准和企业标准组成的多层级标准体系，且涵盖过程标准和产品标准，在猪肉质量安全管理上发挥了重要作用；标准体系的建立同时也为认证市场发展打下了基础。

2. 我国猪肉供应链质量安全管理现状

（1）总体状况。近年来，随着各级政府监管力度的不断加大，我国各类猪肉产品的整体质量安全水平有了显著提高，据 2011 年农业部农产品质量安全监测结果显示，我国包括猪肉在内的禽畜产品抽检合格率已达 99.6%。猪肉供应链从养殖到销售各环节的质量安全状况得到明显改善，有效遏制了“瘦肉精”、病死猪肉和私屠乱宰等猪肉安全事件的高发。2011 年，全国未发生区域性重大动物疫情，全年检疫生猪 2.95 亿头，检出病害生猪及其产品 2 710 吨，比 2010 年同期有所下降，并全部进行了无害化处理[①]。当前我国猪肉质量安全管理的重点仍集中于猪肉的药物及重金属残留、生猪的私屠滥宰、疫病及病死猪肉的流通、注水猪肉等问题。

（2）养殖环节的质量安全管理现状。养殖环节的质量安全问题主要是违禁饲料添加剂和药物的使用，以及对病死生猪的违规处理。根据《中华人民共和国农产品质量安全法》的规定，生猪在养殖过程中严禁使用对人体有害的违禁药物和添加剂，同时对患病死亡的生猪必须进行无害化处理。但在实践中，猪肉养殖户为了最大限度地获取市场收益或降低成本，往往违背生猪生长的自然规律，使用违禁饲料添加剂和药物促进生猪的快速生长和提高猪肉品质。“瘦肉精”被认为是猪肉质量安全的最大危害，“瘦肉精”在提高生猪瘦肉率的同时，也在生猪体内大量残留，食用含有“瘦肉精”的猪肉，将会产生神经毒性，使人出现头昏、乏力，甚至死亡。据不完全统计，我国每年发生大大小小的“瘦肉精”中毒事件 30 多起，中毒人数高达 2 000 余人。随着 2011 年双汇“瘦肉精”事件的发生，政府加大了对“瘦肉精”的监管和查处力度，国务院连续出台了《关于进一步加强“瘦肉精”监管工作的意见》，并依法审判了一批“瘦肉精”的制造和贩卖者，尽管在短期内取得

① http：//www.soozhu.com/article/2012/03/30/38202.shtml.

了明显效果，但并未从根本上解决违禁添加剂和药物滥用的问题。其原因在于我国生猪养殖分散经营的特征，小规模养殖户的大量存在加大了政府对其违法行为的监管，加上农户普遍受教育程度低下，食品安全意识薄弱。近年来，我国农业部门虽出台了一系列鼓励生猪标准化、规模化养殖的举措，但小规模分散经营的现状在相当长一段时间内还无法得到有效改变。养殖环节的质量安全管理决定着猪肉产品的质量安全水平，并在大多数研究者和监管者中形成共识。

（3）屠宰环节的质量安全管理现状。屠宰环节的最主要的质量安全问题来源于生猪的“私屠乱宰”。“私屠乱宰”主要是一些不具备屠宰资质的企业和个人低价收购病死猪肉或不按照规定流程进行屠宰，然后通过伪造相关《肉品品质合格证明》或合格印章非法将猪肉输入市场，以次充好。“私屠乱宰”的猪肉因其质量安全无法得到保障而严重危害着消费者健康，《生猪屠宰管理条例》明令禁止“私屠乱宰”行为。而在实践中，由于受到非法利益驱使，一些不法分子仍进行着“私屠乱宰”行为，据商务部市场秩序司统计，截至 2012 年 1 月，全国各地共查处“私屠乱宰”违法案件 6 816 件，查获非法屠宰猪肉 66 万余千克①。大多数非法屠宰点，卫生条件恶劣，缺乏必要的检验检疫程序，在危害消费者健康的同时，还扰乱了市场秩序，使生产合格猪肉的定点屠宰企业受到很大影响。近年来，我国政府加大了对“私屠乱宰”的打击力度，各级政府和部门形成了联动机制，2011 年底，商务部、公安部、农业部、工商总局、质检总局、食品药品监管局联合印发了《关于

① http：//www. soozhu. com/article/2012/03/30/38202. shtml.

深入开展打击私屠滥宰强化肉品卫生安全专项治理行动的通知》，决定在全国开展为期10个月的打击私屠滥宰强化肉品卫生安全专项治理行动。在这次行动中，仅四川省商务系统就出动执法检查人员2 545人次，检查生猪屠宰企业2 830余家，捣毁私屠滥宰窝点10家，罚没问题肉品26 458千克，并对38家定点屠宰场发出整改通知，极大地震慑了生猪屠宰的违法违规行为[①]。另外，2009年12月，国务院还出台了《全国生猪屠宰行业发展规划纲要（2010—2015)》，决定在“十二五”期间，整合和淘汰部分生猪屠宰产能，实现对定点屠宰企业的科学管理，提高行业的集中度。总体上看，“私屠乱宰”现象在我国仍处上升趋势，除违法成本低外，主要原因还在于政府监管资源的不足，某些地方政府片面追求经济发展，而忽视了对猪肉质量安全的监管。同时，我国消费者，特别是广大农村地区消费者在猪肉消费上存在误区，错误认为“私屠乱宰”的猪肉更新鲜。

另外，部分猪肉质量安全问题还来源于定点屠宰企业在屠宰过程中为节约成本而蓄意违反屠宰流程，许多定点屠宰企业缺乏必要的兽医专业人才和检验设备，屠宰过程中的检验检疫不到位。例如，目前大多数定点屠宰企业对“瘦肉精”的抽检比例仅在5%左右，诸如像抗生素残留的检测基本空白。同时，我国定点屠宰企业小而分散，政府监管也显得相形见绌，一些承担监管职能的检验检疫机构不作为或以权力进行寻租也是很重要的原因[②]。

---

① http://nc.mofcom.gov.cn/articlefg/fg/df/201203/18241313_1.html.

② http://anhui.12312.gov.cn/article/ahywdt/201202/1279312_1.html.

（4）加工环节的质量安全管理现状。猪肉加工环节的主要质量安全问题主要集中在两个方面，其一是加工企业为了节约成本，违规购入问题猪肉进行加工；其二是生产过程的质量安全控制不到位或生产环境不达标，致使微生物、重金属等超标；其三是为了迎合消费者在风味、口感、保质期等方面的要求，生产过程中违规添加某些禁止使用的添加剂。我国对于猪肉加工企业质量安全的监管以推行强制认证和自愿认证相结合的方式进行，典型的强制认证为 QS 认证，质监部门要求各类猪肉加工企业必须建立 QS 体系并取得认证才能进行生产。截至 2012 年 7 月，我国共有 10 423 家猪肉加工企业取得了 QS 认证，基本做到了全覆盖①。许多企业还为了应对国内外市场需求，自愿构建了 HACCP 体系并取得认证，因此，加工环节形成了政府和企业共同参与的质量安全管理模式。相比养殖和屠宰环节，加工环节的质量安全管理的效果较为显著，但也暴露出一些问题，集中体现为政府对强制认证的管理不够健全，导致个别企业在取得认证以后，放松了对产品质量安全的要求。鉴于此，自 2006 年开始，国家认证认可监督管理委员开始定期对获取认证的企业进行监督检查。

（5）运销环节的质量安全管理现状。猪肉产品运销环节的质量安全问题主要有两方面，一是违规出售过期变质的猪肉产品，二是由于对猪肉产品的保存不当而产生的质量安全问题。由于我国猪肉产品的消费大都通过农贸市场进行，交易主体的随意性为销售过期变质猪肉产品提供了可乘之机，近年来，各地工商执法部门定期进行市场检查，同时消费者的安全消费意

① http：//www.cait.cn/.

识也得到了较大提高，销售过期变质猪肉产品得到了较好的控制。另外，我国大力推进猪肉产品冷链物流建设，工业和信息化部发布的《肉类工业“十二五”发展规划》提出，到 2015 年，猪肉类冷链流通率提高到 30%以上，冷藏运输率提高到 50%左右，流通环节产品腐损率降至 8%以下。目前，大型超市基本建立了自己的冷链物流系统，冷链物流可大大提高生鲜猪肉产品的保存和运输水平，有效改善其质量安全状况。

3.1.3　猪肉供应链质量安全管理的核心主体

总体上看，尽管我国以政府为主导的猪肉供应链质量安全管理取得了一定成绩，但与消费者不断增长的猪肉质量安全需求相比，仍显得相形见绌。实践中，我国猪肉产品质量安全事件还处于高发态势，与发达国家相比，仍存在较大差距。

两个可能的原因造成了我国猪肉供应链质量安全管理效力的低下。一是“分段监管”模式的弊端，“分段监管”模式虽然在某种程度上有利于政府各部门形成合力，共同治理食品安全问题，但由于职能划分不清晰，不同政府部门间存在利益分歧，监管中各方通常会进行博弈，其结果往往导向“囚徒困境”，即容易监管的地方，大家都愿意参与，造成监管资源的浪费和监管效力的耗散，而不容易监管的地方，大家都不愿参与，造成监管空白。二是我国业已形成的猪肉供应链仍然相当复杂，集中表现为参与主体众多和物流路径相互交织，复杂供应链一方面导致了政府监管的困难，另一方面也造成供应链主体质量安全管理效力的低下。一个直接的体现就是，在产品质量安全问题沿供应链传导的背景下，特别是政府监管出现空白需要供应链主体自身实现质量安全管理时，上下游供应链参与者众多，以及物流路径复杂将使供应链主体利用信息进行质量安全管理变得异常困难。

国际经验表明，有效的农产品（食品）质量安全管理需要政府和供应链核心主体的共同参与，任何政府在治理食品安全问题时并非一劳永逸，时常会产生管制失灵。此时，供应链核心主体的作用显得尤为重要，核心主体通常是收集和利用质量安全信息最有效的供应链参与者，它能够对供应链质量安全管理产生深远影响。就目前我国猪肉供应链质量安全管理状况而言，大多数质量安全问题出现在养殖、屠宰和加工环节，而在这些环节中，涵盖屠宰和加工职能的猪肉加工企业更具备成为核心主体的客观条件。具体表现在三个方面，首先，相比众多小规模、分散的养殖户而言，猪肉加工企业组织化程度高，经济实力强，有利于对供应链上其他参与者实施质量安全管理的影响。其次，在我国现行的定点屠宰制度下，猪肉加工企业通常处在供应链上物流收敛的节点上，在质量安全信息的收集和利用上更为便利，信息经济性明显，有利于对上游供应链组织的质量安全行为实施控制。同时，由于规模化、集约化生产，猪肉加工企业通常可利用较高水平的技术和设备进行自身的质量安全控制活动，可达到技术经济性，而对一些质量安全管理手段（如质量安全可追溯）的实施，也具备规模经济性。最后，随着集中度的不断提高，猪肉加工企业的数量将逐步减少，政府对于猪肉供应链质量安全的监管可聚焦于猪肉加工企业来实现，节约监管资源，实现管制经济性。

因此，猪肉加工企业是我国猪肉供应链质量安全管理的核心主体。

3.2　猪肉加工企业质量安全可追溯建设情况

食品安全问题的根源在于信息不对称、责任不可追溯性造成的市场失灵。因此，控制食品安全问题的有效途径是增强质量安全信息的透明度，通过优质优价机制激励生产经营者提高质量安全水平，或者通过明确责任的潜在惩罚等约束机制使生产经营者提高质量安全水平。在食品供应链上建立质量安全可追溯被认为是解决食品安全问题最有效的手段，被广泛应用于许多国家食品安全管理中。

我国是猪肉生产和消费的大国，猪肉质量安全直接关系到广大人民群众的健康，同时也影响产业的发展。我国自2002年起逐步开展食品（农产品）质量安全可追溯研究和实践工作以来，目前已初步形成一系列行业标准、应用指南，部分食品已建立了质量安全可追溯制度，政府通过政策法规全面推动质量安全可追溯的落实。猪肉质量安全可追溯作为农产品质量安全可追溯制度的重要组成部分，其供应链各个环节都进行了大量质量安全可追溯实践，在政府、企业和养殖户的共同努力下，制度建设、技术研发和经济支持等方面取得长足发展①。猪肉加工企业作为我国猪肉供应链质量安全管理的核心主体，其质量安全信息经济性等优势，在质量安全可追溯的政府管制和实践中，越来越受到关注，并成为推动猪肉供应链质量安全可追溯发展的重要力量。同时，由于我国猪肉供应链规模化、现代化程度低，猪肉加工企业组织发育尚不成熟，以猪肉加工

① http：//www.chinapig.cn/html/n2/2/2012-5-16/20125168521401.shtml.

企业为核心，实现全程、高效的猪肉供应链质量安全可追溯仍存在诸多难点和困难。

3.2.1 猪肉加工企业质量安全可追溯的管制要求

目前，我国猪肉加工企业质量安全可追溯建设仍然是在政府主导下开展，各级政府和部门通过出台一系列法律、法规和制度对猪肉加工企业的质量安全行为进行协调，强制要求企业在生产活动中执行必要的与质量安全可追溯有关的行为。由于猪肉加工企业是屠宰环节和加工环节企业的总称，通常包括生猪屠宰加工和肉制品加工业务的其中之一或全部，屠宰环节和加工环节的政府监管主体不同，因此管制要求也存在差异。

1. 生猪屠宰加工中质量安全可追溯的管制要求

生猪屠宰中质量安全可追溯的管制要求集中体现在《中华人民共和国动物防疫法》《生猪屠宰管理条例》《生猪屠宰检疫规范》等法律法规中。它们明确要求，定点屠宰企业在生猪屠宰之前查验供货方所提供的各项证明，包括《动物产地检验合格证明》《出县境动物检疫合格证明》《动物及动物产品运输工具消毒证明》《口蹄疫非疫区证明》及耳标，并如实记录活体生猪进场时间、产地、数量、供货方名称和联系方式等。在屠宰过程中，应进行包括静态、动态和食态的活体生猪的个体和群体检查，并出具《准宰通知书》；采用头、胴体与内脏统一编号对照的方法同步实施肉品品质检验和检疫，肉品品质检验包括健康状况、传染病和寄生虫病以外疾病，注水或者注入其他物质、有害物质、有害腺体、白肌肉（PSE 肉）或黑干肉（DFD 肉）、种猪及晚阉猪等，并出具《肉品品质合格证明》，且加盖肉品品质检验合格验讫章；检疫项目包括对头、蹄、内脏、胴体和肌肉的检疫，签发《动物产品检疫合格证明》，并加盖检疫验讫印章。屠宰结束后，定点屠宰企业还必须纪录猪肉产品的出厂时间、品种、数量和流向。

2. 猪肉制品加工中质量安全可追溯的管制要求

猪肉制品加工中质量安全可追溯的管制要求集中体现在《中华人民共和国食品安全法》以及 QS 标准中。它们明确要求，猪肉制品加工企业必须查验原料供应商的《生产许可证》和《产品合格证明》；如实记录原料、食品添加剂及相关产品的名称、规格、数量、供货者名称及联系方式、进货日期等内容；查验出厂食品的检验合格证和安全状况，如实记录产品的名称、规格、数量、生产日期、生产批号、检验合格证号、购货者名称及联系方式、销售日期等内容；如实记录生产过程中的质量安全管理情况。同时建立标签制度，如实在产品标签上标明产品名称、规格、净含量、生产日期，成分或者配料表，生产者名称、地址、联系方式；保质期，产品标准代号，贮存条件，食品添加剂，许可证编号，主要营养成分及其含量等内容。猪肉产品在出厂前，还应根据国家相关标准进行理化指标和微生物指标的检测，并如实记录检测情况。

3.2.2　猪肉加工企业质量安全可追溯的实践效果

我国猪肉加工企业质量安全可追溯的实践效果包括总体效果和具体实践两大类，总体效果是指猪肉加工企业整体上对政府质量安全可追溯管制要求的完成情况，具有宏观性；而具体实践则代表了猪肉加工企业质量安全可追溯的细节情况，具有微观性。根据 Golan（2004）对质量安全可追溯维度的划分，具体细节可从广度、深度和精度分别进行描述。

1. 生猪屠宰加工企业质量安全可追溯的实践效果

（1）总体效果。总体上看，我国生猪屠宰加工企业质量安全可追溯是伴随着商务部出台的“放心肉”工程而建设和发展起来的。2011 年，商务部印发《关于“十二五”期间加快肉类蔬菜流通追溯体系建设的指导意见》，提出在“十二五”期间，我国将加快肉类蔬菜流通追溯体系的建设，争取到“十二五”末建立起完善的肉菜流通追溯体系。同时还出台了《全国肉类蔬菜流通追溯体系建设规范（试行）》，指导建设以物联网、云计算等技术为手段，实现来源可追溯、去向可查证、责任可追究的肉菜流通追溯体系。实践中，2010 年 10 月，商务部开始在大连、上海、南京、无锡、杭州、宁波等 10 个试点城市建立肉菜流通追溯体系，并拨付中央财政支持资金。2011 年 4 月，商务部又确定天津、石家庄、哈尔滨、合肥、南昌、济南等 10 个城市为第二批肉菜流通追溯体系建设试点城市。这其中，生猪定点屠宰企业成为各地肉菜流通追溯体系建设的重要环节，IC 卡、追溯条码和视频监控成为重要的猪肉质量安全信息收集、存储和交流的工具。到目前为止，各地商务部门已确定在全国 260 多家生猪定点屠宰企业中建设了质量安全可追溯体系。遗憾的是，生猪定点屠宰加工企业的质量安全可追溯仍缺乏与流通环节和种养环节的信息衔接，全过程的质量安全可追溯还未完全形成。

（2）具体实践。根据前期产业调研，并结合对产业专家的访谈，目前我国生猪屠宰加工企业建设的质量安全可追溯在广度、深度和精度上呈现以下特征：

广度代表了记录信息的数量，大多数生猪屠宰加工企业只记录了法律、法规和制度所要求的信息，如“瘦肉精”、寄生虫等，而对未做要求或要求不明确的信息，如抗生素、重金属、农药兽药残留等，缺乏必要的检测和记录。即便是管制要求记录的信息，由于抽检比例的相对低下，信息的收集是不完全的①。

深度代表了可追溯的范围，大多数生猪屠宰加工企业按照管制要求，仅仅通过记录供货方和销货方的各类信息，达到在供应链上向前一步和向后一步的追溯。

精度代表了追踪产品的精确程度，由于目前我国生猪屠宰加工企业大多以文本记录的方式进行质量安全可追溯，缺乏精确记录质量安全信息的手段，加上相关管制要求并未明确要求对动物个体的质量安全状况进行记录，因此，企业普遍对投入品和产出品质量安全信息采用批次记录的方法。例如以供应商在同一时间点提供的待宰生猪总体为一个批次进行质量安全信息的查验和记录，因而精确度并不高。

从以上总体效果和具体实践，并结合之前猪肉供应链养殖环节和屠宰环节质量安全管理状况的描述，可对我国生猪屠宰加工企业质量安全可追溯做出如下评价：尽管政府大力推动了生猪屠宰加工企业质量安全可追溯的建设，对猪肉质量安全水平的提高有一定帮助，但从细节上看，生猪屠宰加工企业所建设的质量安全可追溯仍较为粗放，一些关键质量安全信息无法有效得到揭示和共享，同时由于与上下游环节缺乏有效的信息沟通和交流，生猪屠宰加工企业质量安全可追溯对供应链其他环节的影响极为有限。

---

① 大多数检测项目的抽检比例都为 5%。产业专家普遍认为这一比例不足以反映产品整体的质量安全状况。

2. 猪肉制品加工企业质量安全可追溯的实践效果

(1) 总体效果。如前所述，我国猪肉制品加工企业按照相关法律、法规和制度要求，基本建立了与质量安全可追溯相关的QS体系，部分实力较强，管理水平较高的企业为应对国内外市场需求，还建立了HACCP体系并取得认证。一些龙头企业，如双汇、雨润和金锣等，在企业内部构建了较为先进的信息管理系统，如ERP等，并将质量安全可追溯融入其中，实现生产过程中质量安全信息的即时沟通和共享。同时还配备了专业检测人员和检测仪器，加强生产过程中的质量安全控制。总体上看，我国猪肉制品加工企业质量安全可追溯的普及程度较高，内部质量安全管理较完善，但由于政府监管上的分割，其质量安全可追溯对上下游供应链组织的影响仍显乏力。

(2) 具体实践。广度上，所有猪肉制品加工企业基本能按照管制要求，查验各项质量安全证明，并如实记录进出货物信息，出具完善的包装和标签。由于猪肉制品的种类繁多，不同类型的猪肉制品在生产过程中必须遵循不同标准，因而所记录的信息会存在一定差异。但绝大多数猪肉制品加工企业都未对超出管制要求以外的质量安全信息进行揭示和记录，如兽药和重金属残留信息等。

深度上，大多数猪肉制品加工企业都可通过进出货检验记录查询到食品原料、食品添加剂、食品相关产品的名称、规格、数量、供货者名称及联系方式、进货日期等内容及食品的名称、规格、数量、生产日期、生产批号、检验合格证号、购货者名称及联系方式、销售日期。这实现了向前和向后一步的可追溯。

精度上，大多数猪肉制品加工企业在投入品上进行的是批次记录，即对某一个供应商所提供投入品的质量安全信息进行整体记录，回溯过程中，最多只能定位到批次。而在产出品上进行的则是个体记录，这得益于条形码的使用，对每个产品都建立了身份标识，并记录了其在生产过程中的所有信息。从这一点上看，猪肉制品加工企业比生猪屠宰加工企业的质量安全可追溯在精度上有所提高。

从以上总体效果和实践情况，并结合之前猪肉供应链加工环节质量安全管理状况的描述，可对我国猪肉制品加工企业质量安全可追溯做出如下评价：政府利用市场准入机制促进了猪肉制品加工企业质量安全可追溯的大力推进，先进的信息技术和检测手段被广泛应用于质量安全可追溯中，精度有所提高，但从细节上看，猪肉制品加工企业所建设的质量安全可追溯仍然较为粗放，一些关键质量安全信息无法有效得到揭示和共享，同时由于政府管制上的割裂，猪肉加工企业质量安全可追溯还不能实现对供应链其他环节的影响。

3.3　猪肉加工企业质量安全可追溯建设的关键问题

依据我国猪肉供应链质量安全管理现状及猪肉加工企业质量安全可追溯建设情况，并结合前期专家访谈和实地调研，笔者认为，尽管我国猪肉加工企业在利用质量安全可追溯进行食品安全管理上取得了长足进步，但仍然存在着一些关键问题尚待解决。

3.3.1 质量安全可追溯行为不足

迄今为止，我国猪肉供应链参与者众多，组织化、现代化程度仍较为低下，虽然在国家相关政策的推动下，从事屠宰加工和制品加工业务的猪肉加工企业的实力不断增强，集中度不断提高，但这需要一个相当长的过程，严重阻碍了猪肉加工企业作为供应链核心主体地位的发挥。产业专家访谈和实地调研均表明，为数众多的小规模猪肉加工企业分布在供应链上，由于生产和管理水平低下，尽管处于供应链的物流收敛点，却无力也无法实现质量安全信息的有效收集和共享，绝大多数猪肉加工企业仍然停留在管制要求的质量安全可追溯行为的供给水平，少数猪肉加工企业还因政府监管不到位，甚至连管制要求都无法满足，致使一些反映猪肉质量安全的关键信息无法得到有效揭示和共享，极大影响了其质量安全管理水平。一些肉菜流通追溯体系试点城市的猪肉加工企业，由于得到了政府的专项财政支撑，表面上看，质量安全可追溯行为的供给较充分，但政府资金支持仅仅用于检测仪器和信息工具等硬件支出，质量安全可追溯本身是一种管理行为，其核心更偏重于企业管理流程和模式等“软”的方面。实践中，一些猪肉加工企业利用政府提供的资金购置了先进的检测仪器和信息记录工具等，但在生产过程中发现问题产品时，往往会选择编造虚假质量安全信息而蒙混过关。因此，从本质上看，猪肉加工企业质量安全可追溯行为供给仍显不足。

3.3.2 质量安全可追溯绩效低下

如绪论所述，猪肉加工企业质量安全可追溯绩效可分为运作绩效和后向控制绩效。

运作绩效包含在供应链管理和产品差异化两个目标上的有效输出，实现这两个目标的主体应集中于企业本身。事实上，我国猪肉加工企业质量安全可追溯是在政府管制要求和政策扶持下建设和发展起来的，大多具有强制性，同时在目标上较多反映的是政府所承担的公共职能。国内外相关研究表明，在质量安全可追溯的建设过程中，政府和企业的目标通常是不一致的，最终导致质量安全可追溯行为的均衡点也不同。实践中，我国政府导向下的强制质量安全可追溯，在形式和内容上千篇一律，并不能完全与猪肉供应链环境相适应，猪肉加工企业据此建设的质量安全可追溯在供应链管理和产品差异化上往往无法形成有效输出，反而还使许多企业背上了沉重的成本负担。实地调研中，超过 90%的猪肉加工企业认为质量安全可追溯的建设并没有使生产过程中的物流和信息流效率得到改善，对生产效率的提高没有任何帮助，同时具备质量安全可追溯特征的产品也无法在市场上获取更高价格。相比之下，企业却在劳动力成本、仪器设备购置和维护等方面的成本有了明显增加。因此，猪肉加工企业质量安全可追溯行为的运作绩效普遍低下。

后向控制绩效包含控制原料质量安全，并且在食品安全事件发生时，有效实现责任归属上所产生的有效输出。一方面，猪肉加工企业按照政府管制要求所建设的质量安全可追溯，由于猪肉供应链不同环节由不同政府部门监管，“分段监管”模式造成了猪肉供应链不同环节间质量安全信息沟通的障碍，极大限制了猪肉加工企业质量安全可追溯对上游供应商对原料质量安全行为的控制，而且在食品安全事件发生时，也无法实现责任的归属，往往给企业造成巨大损失，因此，大多数猪肉加工企业质量安全可追溯行为的后向控制绩效较为低下。少数猪肉加工企业建设了高于管制要求的质量安全可追溯，却往往由于自身实力较弱或上游原料供应商众多，而无法实现对原料质量安全的有效控制，同时较高水平的质量安全可追溯还会消耗大量的管理资源而增加成本。实地调研结果也表明，猪肉加工企业即便自愿建设了质量安全可追溯，其后向控制绩效总体上也较为低下。

综上所述，当前我国猪肉加工企业质量安全可追溯建设面临着行为不足和绩效低下两个关键问题。发达国家肉类供应链质量安全可追溯建设的经验表明，从事屠宰和加工业务的企业在构建覆盖全供应链质量安全可追溯，提高肉类质量安全水平上发挥着极其重要的作用。就目前我国猪肉供应链发展情况来看，猪肉加工企业的核心作用正日益凸显。因此，在既定政府管制模式和产业政策下，探究猪肉加工企业质量安全可追溯行为产生和发展的机理，绩效形成和变化的机制，对推动我国猪肉加工企业质量安全可追溯实践，提高猪肉供应链质量安全管理水平具有极其重要的意义。

3.4　本章小结

本章结合有关统计年鉴和实地调研所获资料，对我国猪肉供应链结构及特征、质量安全管理体系、各环节质量安全现状展开描述性分析发现，在现行猪肉供应链和质量安全管理体系下，尽管各环节产品的质量安全状况已得到明显改善，但仍令人担忧。进一步对我国猪肉供应链质量安全管理核心主体的分析显示，猪肉加工企业具备成为供应链核心主体的客观条件，也应成为猪肉供应链质量安全管理的核心主体。但对我国猪肉加工企业质量安全可追溯建设情况的描述却显示，在我国现行管制模式和产业环境下，行为供给不足和总体绩效低下成为我国猪肉加工企业质量安全可追溯建设的关键问题，严重制约了猪肉加工企业作为供应链核心主体作用的发挥，阻碍其利用质量安全可追溯建设提高整个供应链质量安全管理的效力。鉴于此，第 4、5、6 三章将对猪肉加工企业质量安全可追溯行为和绩效展开深入的实证研究。

第4章　猪肉加工企业质量安全可追溯行为研究：一个扩展的交易费用框架

正如第2章中研究综述所阐述的，国内外学者在微观主体质量安全可追溯行为的研究上显示出较大差异。国外研究利用不同理论和方法，较为深入地探究了行为发生、发展和演化的机理，强调不同供应链组织的行为协作和整合，在有效揭示行为发生、发展和演化规律的同时，利用交易费用框架进行实证分析逐渐成为一种新的研究范式，但深入研究还较罕见。而国内研究较多进行理论推导，少数实证分析仅是对国外研究的改进，研究对象多集中农户，少量企业研究还不够深入。鉴于此，本章利用问卷调查的数据，循着国外学者的研究，借助交易费用产业经济学理论，构建猪肉加工企业质量安全可追溯行为的实证框架；通过计量模型分析，从交易费用角度揭示猪肉加工企业质量安全追溯行为发生、发展和演化的机理。

4.1　实证框架与研究假设

4.1.1　相关理论推导

在构建实证框架之前，有必要结合研究实际，利用交易费用产业经济学中的纵向协作理论进行理论推导，具体如下：

与质量安全可追溯

用经济学家认为，交换安排是以连续体形式存在续体的一端是开放市场，价格是首要的协作机制，另一则是纵向一体化，交换安排通过企业内部的执行指令和层级决策来解决贯穿市场的协作问题。大量依赖于独特制度的合约形式，则处在这一连续体的中间（Williamson，1975；Masten等，1991）。现阶段，我国农业组织化程度较低，农产品供应链较长，农产品从生产到消费中间环节众多，各环节间的商品交易大都通过混合组织形态——契约来完成（赵敏，2007）。农产品因其信用品特征而使合同中必须约定相机索取权（Contingent Claim）以适应交易过程中可能发生的不确定，这一不确定性主要表现为问题产品会导致食品安全事件。而合同中规定相机索取权成本很高，因此，合约双方将会采用单边选择权（Unilateral Option）①来代替相机条款减少不确定（Masten，1985）。对于农产品合约，质量安全可追溯就是一种单边选择权，以此激励合约当事人履行提供质量安全合格产品的商品契约。质量安全可追溯（单边选择权）的约定，隐含了在既定合约关系中确立更加紧密的纵向协作的可能，通过上下游组织间的纵向协作产生信息流，对质量安全信息揭示并共享，最大限度地控制和减少食问题产品带来的风险（Souza-Monteiro和Caswell，2010）。建立质量安全可追溯就是供应链中更加紧密纵向协作关系产生的过程（Hobbs，1996），因此，结合当前我国包括猪肉在内的农产品供应链合约交易的实

① 单边选择权是指在合同中约定一些不需要外部验证的条款（Masten，1985）。

际，可以认为，质量安全可追溯的本质是一种
基础上为保证合约正常履行而设定的纵向协作条款
规定了信息协作的水平，水平越高，所表示的合约双方
系越紧密。依据上述分析，并结合我国猪肉供应链特征，我
猪肉加工企业质量安全可追溯的本质可如图 4.1 所示。

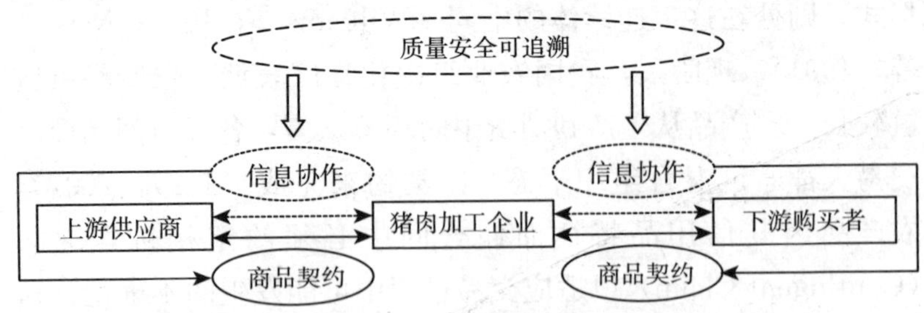

图 4.1　猪肉加工企业质量安全可追溯的本质描述

2. 质量安全可追溯的交易费用决定

质量安全可追溯作为一种隐含在商品契约上的单边选择权条款，体现了供应链上下游之间的一种信息纵向协作关系。交易费用产业经济学认为，交易费用是决定产业组织间纵向协作安排的重要决定因素，因此，我们有理由认为，反映交易特征的交易费用是任何农产品供应链组织质量安全追溯行为的主要动因。一个直接的证据来源于 Wang 和 Bravo（2010）的研究，他们开创性地提出了反映交易特征的资产专用性、不确定性和交易频率决定食品供应商质量安全可追溯行为供给水平的假设，并进行了理论证明。

4.1.2　实证框架

质量安全可追溯被认为是一种隐含在商品契约上的单边选

择权条款，体现了供应链上下游组织间对于信息的纵向协作关系，而交易费用则是重要的决定因素。交易费用经济学进一步确认了体现交易特征的交易费用变量的关键维度，即资产专用性、复杂性和不确定性，其中资产专用性被许多交易费用经济学家公认为是决定组织安排和契约选择的最重要变量（Williamson，1975；1979；1985）。以马斯腾为代表的交易费用实证学派对此进行了验证，一致认为资产专用性与纵向协作之间存在正向关系（Masten，1984；Palay，1984；Montverde 和 Teece，1982；Masten 和 Crocker，1985；Joskow，1987；Pirrong，1993；Klein 和 Kevin，1988）。由此可见，资产专用性也是包括猪肉在内的农产品供应链组织质量安全可追溯行为的主要影响因素，且存在正向关系。Wang 和 Bravo（2010）所提出的概念框架也证实了这一论断。

在强调资产专用性同时，农产品供应链组织纵向协作的研究通常引入其他一些交易费用变量和非交易费用变量，这与农产品供应链的特殊性有关。Thomas（1992）认为农业产业部门纵向协作机制选择的激励因素除资产专用性外，还包括风险和易腐性等。Hennessy（1996）强调了质量安全信息的不确定对纵向协作的决定作用。Hobbs（2000）研究了技术、规制和社会经济发展程度所导致的交易特征变化对纵向协作水平的影响。Frank 和 Henderson（1992）对农业生产组织选择纵向协作模式进行了实证分析，结果显示，交易的不确定性、产业集中度、特异性资产投资、管理成本显著决定了农业生产组织如何选择利用市场、合约、一体化等纵向协作形式。由此可见，其他一些交易费用因素和非交易费用因素也对猪肉加工企业质量安全可追溯行为产生影响。

综合相关理论、前人研究和专家建议，着重吸收 Masten 和 Crocker（1985）；Hobbs（2000）；Erramilli 和 Rao (1993)[①] 和 Wang 和 Bravo（2010）[②] 的研究成果，本研究提出以下扩展的交易费用实证框架，如图 4.2 所示。

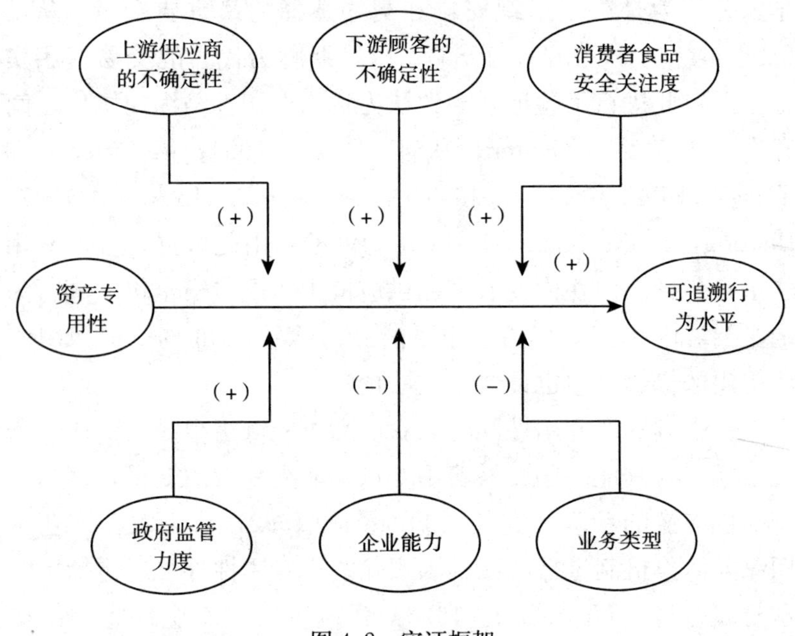

图 4.2　实证框架

① Erramilli 和 Rao（1993）引入资产密集度、生产消费的不可分割性、文化差异、企业规模和地区风险等非交易费用因素扩展了传统的交易费用分析（TCA）框架，提出非交易费用因素在资产专用性影响纵向协作水平的过程中起到调节作用，并据此对美国服务业国际市场进入模式选择选择进行实证研究。

② Wang 和 Bravo（2010）研究提出了食品组织质量安全可追溯行为的概念框架，认为资产专用性在不确定性的调节作用下，影响了质量安全可追溯行为水平的选择。

图 4.2 描述了猪肉加工企业质量安全可追溯行为研究的实证框架，资产专用性影响猪肉加工企业质量安全可追溯行为水平，在这一过程中，存在两类变量对此过程进行调节，一类是体现交易特征的交易费用变量，主要体现猪肉加工企业在与供应链上下游组织进行交易时，对于质量安全情况的不确定性，包括上游供应商的不确定性、下游顾客的不确定性、消费者食品安全关注度、政府对于猪肉安全的监管力度；另一类则是非交易费用变量，包括企业业务类型，企业建设质量安全可追溯的能力。

4.1.3　研究假设

为进一步说明实证框架中各变量的关系，我们提出以下研究假设：

假设一：资产专用性投资正向影响质量安全可追溯行为水平，即资产专用性投资越高，猪肉加工企业更倾向于提供更高水平的质量安全可追溯行为，反之亦然。这一假设的理论依据在 4.1.2 部分已作详细说明。

交易费用经济学认为，在专用性资产投资一定的前提下，交易的不确定性增加了交易双方的机会主义行为，提高了交易中专用性资产替代和转移的成本，从而影响交易的效率；不确定性越高，交易中专用性资产投资的一方遭受可榨取性租金（Appropriate Rent）损失的概率越大，而这一损失正是来源于专用性资产投资。因此，不确定性最终通过专用性资产来影响组织安排和契约选择（Williamson，1985），Li 和 Lin（2006）等人的研究甚至将与交易有关的不确定性作为供应链组织间信息共享的主要动因。

随着供应商所提供产品质量安全不确定性的增强，当猪肉加工企业进行较高专用性资产投资时，专用资产受到机会主义威胁的可能性就会增大，企业将会倾向于提供更高水平的质量安全可追溯行为来消除这种不确定性。而在企业专用性资产较低时，不确定的增大会使实施质量安全可追溯行为的难度增大，因而会倾向于选择较低水平的质量安全可追溯行为。因而，上游供应商不确定性强化了资产专用性和质量安全可追溯行为间的正向关系，由此提出假设二。

假设二：随着上游供应商不确定性增加，资产专用性和质量安全可追溯行为间的正向关系得以加强。

猪肉加工企业将产品销售给下游顾客，有些顾客是终端消费者，他们购买了产品后即实现消费，而更多顾客处在供应链销售环节，并承担销售职能，最终将产品传递给终端消费者。由于猪肉产品的生鲜易腐性，那些承担销售职能的顾客必然要在销售过程中实施质量安全控制，实际上，这些顾客实现质量安全控制的能力是不同的，通常在销售过程中产生的质量安全问题很容易由于顾客的投机行为转嫁给猪肉加工企业，致使其专用性资产受到威胁，高水平的质量安全可追溯可通过明确责任归属而消除这些风险。从这一点上看，下游顾客的不确定性实质上是由销售过程的质量安全风险被转嫁给企业的可能性，其与上游供应商不确定性所起的调节作用相同，由此提出假设三。

假设三：随着下游顾客不确定性增加，资产专用性和质量安全可追溯行为间的正向关系得以加强。

根据前人研究，消费者食品安全关注度的提高，间接增加了企业与上下游组织间交易的不确定性，这种不确定性最终来源于市场变化，带来的是企业主观意识上对于所获取原料和所生产产品质量安全不确定的增加，企业将对此更多的予以关注（Hobbs，2000）。随着消费者食品安全关注度的提高，猪肉加工企业主观意识到的不确定性也随之增大，较高的专用性资产投资受到机会主义威胁的可能性也将会上升，因此企业将会倾向于提供较高水平的质量安全可追溯行为；而在资产专用性较低时，企业也仍然会选择一定水平的质量安全可追溯行为。从总体上看，消费者食品安全关注度使资产专用性和质量安全可追溯行为间的正向关系得以加强。相同的情况也存在于政府监管力度的提高中。由此我们可以提出假设四和假设五。

假设四：随着消费者食品安全关注度的提高，资产专用性与质量安全可追溯行为间的正向关系得以加强。

假设五：随着政府监管力度的提高，资产专用性与质量安全可追溯行为间的正向关系得以加强。

有效的组织安排需要成本，组织纵向协作水平决策是在交易费用的减少和纵向协作成本升高间进行抉择（Williamson，1985），企业在纵向协作上体现出不同能力，并对纵向协作产生间接影响（Erramilli 和 Rao，1993）。随着猪肉加工企业纵向协作能力的提高，表明其整合资源、吸收风险等能力很强，可有效节约企业在实施质量安全可追溯行为过程中的交易费用。在资产专用性投资较高时，企业仍然会选择更高水平的质量安全可追溯行为，而在资产专用性投资较低时，由于企业自身能力，将会倾向于选择较高水平质量安全可追溯行为。因此，猪肉加工企业纵向协作能力弱化了资产专用性和质量安全可追溯行为间的正向关系，由此提出假设六。

假设六：随着企业能力的增加，资产专用性与质量安全可追溯行为间的正向关系得以减弱。

将企业代宰业务的情况作为调节变量引入模型与我国猪肉产业特点有关，我国《生猪定点屠宰条例》规定，生猪屠宰必须由政府颁发资质的定点屠宰企业来完成，因此猪肉加工企业中有相当比例从事生猪代宰业务，猪肉产品连同其质量安全产权无法得到有效转移，仅从事代宰业务的猪肉加工企业很少或不承担其产品所带来的质量安全风险，因而对企业专用性资产不构成或很少构成威胁，进而对企业选择质量安全可追溯行为水平有很大影响。随着代宰业务增加，即使专用性资产投资很高，受到产品质量安全所带来威胁的概率较低，企业也不一定选择较高水平的质量安全可追溯行为。因此，代宰业务削弱了资产专用性和质量安全可追溯行为间的正向关系，由此提出假设七。

假设七：企业代宰业务的增加，资产专用性与质量安全可追溯行为间的正向关系得以减弱。

4.2 研究方法

4.2.1 变量选择与测量

实证过程中需要用到的变量及测量方法如下：

1. 因变量

企业选择的质量安全可追溯行为水平为因变量，Golan 等（2004）对质量安全可追溯行为从广度、深度和精度上进行了划分。广度表示质量安全可追溯行为提供信息的数量，深度表示质量安全可追溯行为在供应链上向前向后延伸的距离，精度表示质量安全可追溯行为准确确定问题产品或特征的能力。随着广度、深度和精度的升高，质量安全可追溯行为水平相应提高。本研究分别在三个维度上进行测量，然后加总，以此测度质量安全可追溯行为水平，具体为：

（1）广度测量。现行国家法律、法规和标准规定猪肉加工企业在与上下游组织交易过程中揭示与质量安全有关的信息合计 22 项[①]，包括原料入场及票证信息、供应商信息、检测信息、产品出厂和票证信息和顾客信息等，问卷对这 22 项信息的揭示情况进行了调查，同时还调查企业自愿揭示信息的情况。以实际揭示信息数量，将质量安全可追溯行为的广度划分为“低”（规定信息数量少于 20 项）、“中”（规定信息数量在 20～22 项之间）、“高”（除揭示所有规定信息以外，还自愿揭示未要求的信息），分别取值为－1、0、1[②]。

（2）深度测量。企业一般情况下均能实现向前一步和向后一步的追溯（Hobbs，1996；Golan，2004）。问卷调查了企业质量安全可追溯行为向上下游延展的程度，将其分为“无法向上游或下游组织实现追溯”“仅能向紧邻的上游和下游组织实现追溯”“在对紧邻的上下游组织实现追溯基础上，还能向供应链更远端的组织实现追溯”，分别取值为－1、0、1。

（3）精度测量。调研显示，大部分企业能对问题原料和产

---

① 法律、法规和国家标准主要有：《中华人民共和国食品安全法》《中华人民共和国农产品质量安全法》《生猪屠宰管理条例》等。

② 广度的划分标准主要依据产业专家和政府部门建议而设定，尽管强制揭示的信息数量为 22 项，但在实践中，尚有 2～3 项信息较少受到关注，政府管制不同，这些信息的范围也发生一定变化，因此真正强制揭示的信息大约在 20 项，但产业专家认为，较少关注的信息有时也决定着质量安全可追溯行为水平，因此揭示 22 项信息和 20 项信息在质量安全可追溯行为水平上也会显著差异，故设定以上标准。

品实现单一批次的追溯。以此为基础，问卷调查了企业质量安全可追溯行为准确确定问题原料和产品的能力，并将精度划分为“无法准确定位或仅能精确到一段时间内的众多批次”“精确到单一批次”“精确到个体”，分别取值为−1、0、1。

对广度、深度和精度取值加总，为方便计量，将总值在−3和−2的，统一调整为0，总值在−1、0和1的，统一调整为1，总值在2和3的，统一调整为2，数字越大，企业的质量安全可追溯行为水平就越高[①]。

2. 自变量

企业进行的专用性资产投资为自变量。Williamson（1983）将资产专用性分为四类，即物质资本专用性、场地或区位专用性、人力资本专用性和特定资产专用性。其中，物质资本专用性（Physical-asset Specificity）是指专为特定用户生产而进行装备投资产生的专用性；场地或区位专用性（Site or Location Specificity）是指买主或者卖主将其设施建立在毗邻对方的地方以节约运输成本所产生的专用性；人力资产专用性（Human-asset Specificity）是指由于交易者习得某种技能或知识，并且这种技能或知识只在与特定交易伙伴交易时才体现出价值，而在该关系之外的价值会显著减少所产生的专用性；特定资产专用性（Dedicated Assets）是指为了维持与特定客户交易往来而进行的投资，尽管不是专门用于某一类顾客的，但是一旦顾客终止购买其所生产的产品，就会产生生产能力的过

① 根据问卷设计的基本思路和问卷调查的结果，加总后对质量安全可追溯行为水平重新分类和有序赋值的主要依据为：低于国家法律法规要求的赋值为0，与国家法律法规要求基本持平的赋值为1，高于国家法律法规要求的赋值为2。

剩。由于场地或区位专用性较复杂，产业专家也认为在我国猪肉加工企业中较少存在，因此，本研究仅包含物质资本专用性、人力资本专用性和特定资产专用性的测量。

交易费用实证经济学对专用型资产投资的测量分为两类，一类是测量资产的可替代性，以交易双方的数量为代理变量进行测量（Masten 和 Crocker，1985）。另一类则是测量专用性资产的相对数量，或借助于受访者的主观评价，或利用研究人员和产业专家的判断，显示资产专用性投资相对大小（Montverde 和 Teece，1982；Marvin，1991；Erramilli 和 Rao，1993）。本研究借鉴后一种方法，即分别调查物质资本、人力资本和特定资产的情况，然后让产业专家根据三类资产（资本）情况分别进行主观评价，然后进行加总[①]，以此衡量专用性资产投资水平。物质资本、人力资本和特定资产的调查内容包括：①物质资本采用固定资产总额来反映；②人力资本采用企业领导人和员工的各自的受教育程度，员工中管理人员和技术人员的人数和比例综合反映；③特定资产采用质量安全认证、企业资质、品牌和销售渠道综合反映[②]。

3. 调节变量

调节变量见实证框架，具体测量情况为：

（1）上游供应商的不确定性。根据交易费用经济学理论，

---

① 主观评价采用李克特量表（Likert Scale）进行打分，分值从 1～5，1 代表专用性程度非常低，5 代表专用性程度非常高，2、3、4 居于其中。让产业专家分别对三类资产进行评价，目的是为了克服综合评价中的认知不足，同时提高对不同企业资产专用性程度的区分。

② 对物质资本、人力资本和特定资产所含内容的界定，除借鉴交易费用实证经济学派的文献外，还结合了产业专家和政府部门的建议。

企业对上游供应商提供原料质量安全的不确定性来源于供应商特征、交易形式和频率。

从事屠宰业务的企业，其供应商主要有农户、生猪经济人、生猪养殖合作社、自产，来源区分为本地和外地。仅从事猪肉制品加工的企业，其供应商主要有农贸市场、定点屠宰企业、超市、自产，来源也被区分为本地和外地。根据中国猪肉产业发展的特点和前期调研，质量安全的不确定性随供应商集约化程度的升高而降低，即原料来自于农户的不确定性最高，自产的不确定性最低，其他供应商介于其中。通常企业会同时与不同类型供应商交易，测量应包括供应商类型及与不同供应商原料交易所占比例。测量中，依据不确定性大小对不同类型供应商有序赋值（1～7），并乘以各自原料交易占比，最后加总确定供应商特征引起的不确定性。

交易形式主要包括内部交易、正式购买协议、口头协议和无任何协议，其中内部交易的不确定性最低，而无任何协议的交易形式则不确定性最高，正式购买协议和口头协议居于其中[①]。计量分析时，对各类交易形式依据所产生的不确定性进行有序赋值（1～4）。

重复交易可降低交易的不确定性（Williamson，1985），因此，交易频率越高，交易越稳定，不确定性越低。测量将交易频率区分为非常高、较高、一般、较低、非常低，受访者选择后赋值（1～5）。

① 内部交易表示原料已经实现自产，因而原料质量安全的不确定性最低，没有任何协议的交易基本对原料供应商没有约束，由此引发对原料质量安全高的不确定性。

上述测量值加总用以刻画上游供应商不确定的总体情况信息[①]。

（2）下游顾客的不确定性。下游顾客的不确定性也来源于顾客特征、交易形式和频率。

从事屠宰业务企业的下游顾客包括超市、批发市场供应商、猪肉制品加工企业、个体经营户和终端消费者，仅从事猪肉制品加工业务企业的下游顾客包括超市、批发市场供应商、个体经营户和终端消费者。一般说来，组织化程度越高，质量安全控制能力越强。不同类型的顾客代表了不同的组织化水平，个体经营户的组织化程度最低，其保证产品质量安全的能力最弱，同时还极易将销售环节出现的质量安全风险转嫁给猪肉加工企业，由此引发的不确定性最强；直接销售给终端消费者的不确定性最低，因为企业承担了销售职能，并能在销售过程中完全保证产品质量安全，因而不确定性最低；批发市场供应商、猪肉制品加工企业和超市则介于其中[②]。由于企业会同时与不同类型的下游顾客进行交易，测量应包括顾客类型和与不同顾客交易量的占比。测量时，依据不确定性大小对不同类型顾客有序赋值（1～5），并乘以各自交易量占比，综合确定顾客特征所带来的不确定性。

交易形式与和交易频率的测量与上游供应商的情况一致。下游顾客的不确定性也来源于以上测量结果的加总[③]。

---

① 计量过程中，需要对三类变量所取得的值进行标准化处理后再进行加总，以此来消除量纲所带来的影响。

② 依据不同顾客类型对不确定性进行划分的标准来源于前人文献和产业专家意见。个体经营户是指直接向终端消费者提供产品的个人。

③ 计量过程中，需要对三类变量所取得的值进行标准化处理后再进行加总，以此来消除量纲所带来的影响。

（3）消费者食品安全关注度。消费者食品安全关注度采用主观评价进行测量，让企业对其感知到的消费者食品安全关注度进行打分（1～7），处在分值两端的为非常不关注和非常关注（即1为非常不关注，7为非常关注），分数越高，表明企业感知到的消费者食品安全关注度越高。

（4）政府监管力度。其测量和计量分析处理与消费者食品安全关注度一致。

（5）企业能力。根据研究假设，企业能力特指企业在供应链上实施质量安全可追溯行为的能力，是与上下游组织间纵向协作能力的体现。根据已有研究，企业能力包括管理和技术人员情况、信息化建设情况和信任情况（Erramilli和Rao，1993；Li和Lin，2006）[①]。

参照Erramilli和Rao（1993）的测量方法，管理和技术人员情况利用其占比作为代理变量进行测量，比例越高，表明企业能力越强。为方便计量，对占比进行有序赋值，占比在5%及以下的，赋值1；占比在5%以上且在15%及以下的，赋值2；占比在15%以上的，赋值为3[②]。参照Li和Lin（2006）的测量方法，信息化建设情况通过企业使用的信息管理工具来测量，若使用射频技术（RFID）、基因（DNA）追溯技术、企业资源计划（ERP）和仓储管理系统（WMS）其中之一，则视为企业能力较强，计量中据此进行赋值（1～5）；信任情

① Li和Lin（2006）也将战略作为衡量企业能力的变量，但问卷调查显示，样本企业几乎很少就爱你个质量安全可追溯作为战略工具，这与产业专家访谈的结果也一致。

② 此处的划分标准依据样本企业管理和技术人员的总体情况，并结合产业专家建议综合确定。

况通过企业感知进行测量，采用主观评价（1～7）来获取数据信息。以上测量数据加总表示企业能力[①]。

（6）业务类型。根据研究假设，模型中的调节变量业务类型衡量的是代宰业务在整体业务中的比重。目前猪肉加工企业除代宰业务以外，主要经营的业务还有白条肉加工、冷鲜肉生产与销售、猪肉制品加工等。为能客观反映代宰业务状况，采用代宰使用的猪只数量占所有业务使用猪只数量的比重测量[②]。为使计量更为简便，对比重进行有序赋值，比重∈[0, 0.3)，取 1，比例∈(0.3, 0.7]，取 2，比例∈(0.7, 1]，取 3。

4.2.2　计量模型与说明

根据实证框架和数据的初步处理，样本企业质量安全可追溯行为水平的分类数大于 2，且存在等级关系，因而选择累加 Logit 模型（Cumulative Logits Model）来进行估计，Ordinal Logit 模型的一般形式为：

$$\text{logit}[P(Y \leqslant h \mid X)] = \ln\left(\frac{P(Y \leqslant h \mid X)}{1-P(Y \leqslant h \mid X)}\right) = \alpha_h + \sum_{i=1}^{i} \beta_i X_i$$

$$h=1, 2\cdots h-1 \qquad (4.1)$$

（4.1）式是一个累计概率比数模型。在实际的模型估计中，对于一个三分类有序变量，应当同时拟合以下两个模型：

$$\text{logit it}_1 = \log\left(\frac{\pi_2}{1-\pi_2}\right) = \alpha_1 + \beta X \qquad (4.2)$$

---

① 与上游供应商不确定性中相关处理的方法一致。

② 测量方法来源于产业专家建议，能较为客观地反映待宰业务对企业生产资源的占用情况。待宰业务使用的猪只数量利用屠宰生猪头数衡量，其他业务使用的猪只数量可利用原料猪肉重量折算回生猪头数衡量。

$$\text{logit it}_2 = \log\left(\frac{\pi_2 + \pi_2}{1 - \pi_2 - \pi_2}\right) = \alpha_2 + \beta X \tag{4.3}$$

其中，π_1 和 π_2 分别为因变量取第一类和第二类的概率，第三类是用于对比的基础水平。以上模型的表述形式可以看出，Ordinal Logit 模型实际上将因变量划分为两个等级。不管因变量如何分割，模型中各自变量的系数 β 都保持不变，改变的只是常数项 α。

本研究将样本企业所实施的质量安全可追溯行为水平表示为字母 y_i，取值为 0，1，2，随着数字的增大，所代表的质量安全可追溯行为水平也增大。引入 y_i，并将（4.2）和（4.3）式进行变换可得：

$$\text{Prob}(y_i = 0 \mid X) = \frac{\exp(\alpha_0 + X\beta)}{1 + \exp(\alpha_0 + X\beta)} \tag{4.4}$$

$$\text{Prob}(y_i \leqslant 1 \mid X) = \frac{\exp(\alpha_0 + \alpha_2 + X\beta)}{1 + \exp(\alpha_0 + \alpha_2 + X\beta)} \tag{4.5}$$

根据累计概率比数模型的原理，本研究应同时拟合（4.4）和（4.5）式的模型。其中，Prob 表示概率，β 表示自变量、调节变量和交互变量的回归系数变量，X 是自变量回归系数向量，表示影响企业质量安全可追溯行为水平的因素，各类变量的性质、含义、类型、取值范围和取值的含义归纳如下，如表 4.1 所示：

表 4.1　模型变量设定

类型	变量名称	变量含义	性质	取值	取值含义
因变量	追溯水平	企业所选择追溯行为水平	有序变量	0，1，2	较低＝0，一般＝1，较高＝2
自变量	资产专用性	企业专用性资产投资情况	刻度变量	3～15	随着数值的增加而增大

（续）

类型	变量名称	变量含义	性质	取值	取值含义
调节变量	供应商不确定	企业对上游供应商提供原料的质量安全不确定性	刻度变量	1～∞	随着数值的增加而增大
	顾客不确定	企业对下游顾客销售产品时的质量安全不确定性	刻度变量	1～∞	随着数值的增加而增大
	消费者关注度	企业所感知到的消费者对食品安全的关注情况	刻度变量	1，2，3，4，5	非常不关注＝1，较不关注＝2，一般＝3，较关注＝4，非常关注＝5
	政府监管	企业所感知到的政府对猪肉安全的监管情况	刻度变量	1，2，3，4，5	基本没有＝1，不强＝1，一般＝2，较强＝2，非常强＝3
	企业能力	企业实施质量安全可追溯行为的能力情况	刻度变量	1～∞	随着数值的增加而增大
	业务类型	企业代宰业务所占比重	刻度变量	1，2，3	代宰业务比例［0，0.3）＝1，（0.3，0.7］＝2，［0.7，1］＝3

4.3　变量的描述性统计

样本企业总体情况的描述性统计以在 1.7.2 部分做了详细说明，故本部分仅对与猪肉加工企业质量安全可追溯行为研究相关的变量进行描述性统计分析。

1. 追溯水平

广度上，58.3％的企业获取和揭示的信息数量不超过20项，13.6％的企业获取和揭示的信息数量在20项和22项之间，28.1％的企业获取和揭示的信息数量超过了22项，绝大多数企业质量安全可追溯行为的广度还很低。

深度上，10.3％的企业选择了“无法向上游或下游组织实现追溯”，65.74％的企业选择了“仅能向紧邻的上下游组织实现追溯”，24.96％的企业选择了“在对紧邻的上下游组织实现追溯基础上，还能向供应链更远端的组织实现追溯”。大多数企业质量安全可追溯行为仅仅只涉及相邻组织，较少与供应链上更远组织进行质量安全上的协作。

精度上，50％的企业“无法准确定位或仅能精确到一段时间内的众多批次”，28.1％的企业能“精确到单一批次”，仅有21.9％的企业能“精确到个体”。很少有企业的质量安全可追溯行为能实现对问题产品的准确定位。

综合以上情况，可对样本企业质量安全可追溯行为水平进行评价，32.3％企业的质量安全可追溯行为处在较低水平，42.7％企业的质量安全可追溯行为处在一般水平，33.6％企业的质量安全可追溯行为处在相对较高水平。这一结果表明，大部分企业都维持在一个与相关法律法规要求相当的质量安全可追溯行为水平，一些企业甚至还未达到要求，少量企业会提供更高水平的质量安全可追溯行为。总体上看，企业质量安全可追溯行为水平偏低。

2. 资产专用性

经过产业专家的评估，15.6％企业的物质资产专用性非常低，38.5％企业较低，25％企业处于中等，11.5％企业较高，

9.4%企业非常高。22.9%企业的人力资本专用性非常低，36.5%企业较低，27.1%企业中等，6.3%企业较高，7.2%企业非常高。77.1%企业的特定资产专用性非常低，9.4%企业较低，7.3%企业中等，3.1%企业较高，3.1%企业非常高。

加总后，71.9%企业的专用性资产投资水平较低，25%企业处于一般水平，3.1%企业较高①，从总体上看，企业的专用性资产投资水平仍偏低。

3. 上游供应商的不确定性

供应商类型中，89.7%企业的供应商为单个农户，其中本地农户为77.4%，外地农户为12.3%，表明从组织化程度最低的农户是企业最主要的供应商，由此引发的质量安全不确定性相对偏高。

交易形式上，只有2家企业实现了原料自产，占样本总数的1.4%；40.6%的企业与上游供应商签订正式的购买协议，且97.9%的协议都有有关质量安全的条款；39.6%的企业通过口头协议向上游供应商购买原料；还有18.4%的企业在与上游供应商交易的过程中无任何协议，两者总共占到了50%，这表明，相当一部分企业与上游供应商之间的交易形式还较随意，导致原料质量安全不确定性偏高。

交易频率中，35.4%企业与上游供应商的交易频率非常高，55.2%企业的交易频率较高，7.3%企业的交易频率一般，2.1%企业的交易频率较低，未见交易频率非常低的企业。这

① 专用性资产投资水平的划分是在对三类资产专用性得分累加的基础上，将得分在5分及以下的，视为较低；5～10分（包括10分）的，视为一般；10分以上的，视为较高。

表明，绝大多数企业与上游供应商维持了一个相对较高的交易频率，合作关系相对稳固，由此引发的原料质量安全不确定性不如前两项高。

4. 下游顾客的不确定性

顾客类型中，90.4%企业的顾客中包含有个体经营户，且销售额超过五成；仅仅 17.8%企业的顾客包含有超市；而 20.3%的企业设立终端将产品直接销售给消费者。这表明个体经营户仍是企业的主要顾客，由此带来销售环节的质量安全不确定性普遍很高。

交易形式中，66.7%的企业与下游顾客签订正式的购销协议①，正式协议中均明确提供或隐含了维持产品质量安全要求的条款或责任声明；30.2%的企业销售产品给下游顾客的过程中仅使用口头协议，仍有 3.1%的企业在于下游顾客交易的过程中没有任何协议。绝大多数企业都签订正式协议，因而交易形式所引发的质量安全不确定性总体偏低。

交易频率中，29.2%企业与下游顾客的交易频率非常高，45.8%企业的交易频率较高，2.1%企业的交易频率一般，16.7%企业的交易频率较低，6.2%企业的交易频率非常低。这表明，绝大多数企业与下游顾客之间的交易频率较高，形成了较稳定的交易关系，因而交易频率所引发的质量安全不确定性总体偏低。

5. 消费者食品安全关注度

只有 1%的企业感知到消费者对包括猪肉在内的食品安全

---

① 一般而言，直接向消费者消费产品都集中于一些有实力的企业，他们通过设立直营终端销售产品，在销售产品时大多提供票据，在法律上视为与消费者之间签订正式协议的效力等同，因此将情况归到签订购销协议中。

非常不关注，27.1%的企业感知到非常关注，其他 71.9%企业的感知程度位列其中，具体为：16.7%的企业选择程度 2，9.4%的企业选择程度 3，6.3%的企业选择程度 4，19.8%的企业选择程度 5，17%的企业选择程度 6。这表明，企业感知到消费者对食品安全的关注度总体较强。

6. 政府监管力度

尚未发现企业感知到政府对猪肉质量安全基本无监管，44.8%的企业感知到政府对猪肉质量安全的监管力度非常强，其他 55.2%企业的感知程度位列其中，具体为：2.1%的企业选择程度 2，4.2%的企业选择程度 3，10.4%的企业选择程度 4，14.5%的企业选择程度 5，24%的企业选择程度 6。这表明，企业感知到政府对猪肉质量安全的监管力度总体较强。

7. 企业能力

管理和技术人员占比中，79.43%企业的占比低于 5%，12.36%企业的占比在 5%～15%，仅有 8.21%企业的占比超过 15%；企业与上下游组织的信任程度上，19.8%的企业认为非常不信任，9.4%的企业认为非常信任，70.8%的企业两者之中。在信息化建设上，仅有 9.4%的企业建立了企业资源计划（ERP），射频技术和基因技术等高端信息管理工具，30.2%的企业建立了纸质或条形码等较低端的信息管理工具，60.4%的企业没有建立和使用任何信息管理工具。总体上看，企业获取和利用信息的水平普遍偏低，影响了其实施质量安全可追溯行为。

8. 业务类型

26%企业代宰业务占总业务的比例小于 30%，29.2%企业代宰业务占总业务的比例在 30%～70%，44.8%的企业代宰业务占总业务的比例超过 70%。这表明，代宰业务是我国猪肉加工企业所营业务的重要组成部分。

经过数据处理，以上变量的均值和标准差如表 4.2 所示。

表 4.2 各变量描述性统计结果

变量名称	样本数	均值	标准差
追溯行为	143	0.92	0.753
资产专用性	143	5.69	4.496
供应商不确定性	143	5.39	1.142
顾客不确定性	143	7.908	2.2893
消费者关注度	143	4.88	1.895
政府监管	143	5.88	1.515
企业能力	143	5.16	1.659
业务类型	143	2.179	0.8249

资料来源：根据问卷数据整理得到。

4.4 结果估计与讨论

本研究中，猪肉加工企业质量安全可追溯行为水平为有序变量，采用统计分析软件 SPSS16.0 中有序回归（Ordinal Regression）软件包进行分析。由于回归分析需要探究变量的调节效应，而模型中因变量只有一个，而调节变量众多，导致大量交互项与因变量间可能存在较严重的多重共线性问题。原始变量按照 Aiken 和 West（1991）提出的消除多重共线性方法进行重新编码，即对所有因变量、调节变量和交互项进行中心化处理①，中心化处理后变量间相关矩阵如表 4.3。

① 变量数据中心化并不会影响其系数的解释力（Aiken 和 West，1991）

表 4.3　因变量和调节变量的相关矩阵

	A	B	C	D	E	F	G	H	I	J	K	L	M
A	1												
B	−0.027	1											
C	−0.511	0.036	1										
D	0.259	0.096	−0.551	1									
E	0.368	−0.055	−0.448	0.481	1								
F	0.377	0.075	−0.195	−0.075	0.071	1							
G	−0.461	0.010	0.445	−0.225	−0.247	−0.210	1						
H	−0.349	0.095	0.375	−0.130	−0.245	0.161	0.163	1					
I	−0.115	0.318	−0.093	0.362	0.040	−0.235	−0.012	0.372	1				
J	−0.224	−0.144	0.473	−0.319	−0.248	−0.269	0.217	0.052	−0.423	1			
K	0.078	−0.271	0.052	−0.247	−0.202	0.048	−0.041	−0.303	−0.573	0.590	1		
L	0.274	0.080	−0.138	−0.120	0.022	0.998	−0.145	0.187	−0.270	−0.248	0.055	1	
M	0.124	0.188	−0.016	0.226	−0.042	−0.337	0.089	0.150	0.564	−0.370	−0.403	−0.337	1

注：A=资产专用性
B=供应商不确定性
C=顾客不确定性
D=消费者关注度
E=政府监管
F=企业能力
G=业务类型
H=资产专用性×供应商不确定性
I=资产专用性×顾客不确定性
J=资产专用性×消费者关注度
K=资产专用性×政府监管
L=资产专用性×企业能力
M=资产专用性×业务类型

表 4.3 显示了自变量、调节变量和交互项的相关系数矩阵，除 F 和 L 的相关系数为 0.998 外，其余变量间的相关系数均小于 0.8，根据多重共线性的经验法则[①]，除 F 和 L 外，其余变量间的多重共线性较小，可以忽略不计。由于经验法则在判断上存在误差，进一步计算变量的容忍度和方差膨胀因子[②]，以此检验变量间的多重共线性，如表 4.4 所示。

表 4.4 因变量、调节变量和调节交互项的容忍度和方差膨胀因子值

变量名	容忍度	方差膨胀因子
资产专用性	0.311	3.213
供应商不确定性	0.770	1.299
顾客不确定性	0.384	2.604
消费者关注度	0.508	1.967
政府监管	0.612	1.634
企业能力	0.008	118.014
业务类型	0.688	1.454
资产专用性×供应商不确定性	0.402	2.485
资产专用性×顾客不确定性	0.290	3.452
资产专用性×消费者关注度	0.274	3.656
资产专用性×政府监管	0.380	2.631
资产专用性×企业能力	0.009	113.195
资产专用性×业务类型	0.524	1.909

① 多重共线性的经验法则：如果变量间相关系数超过 0.9 则会存在共线性问题，0.8 以上可能会有共线性问题，相关系数低于 0.8，可忽略变量间的共线性（卢纹岱，2010）。

② 各变量的容忍度和方差膨胀因子的计算方法为：将因变量作为连续变量，对自变量、调节变量和交互项做最小二乘估计，利用 SPSS16.0 线性回归软件包中的多重共线性诊断选项进行计算。

根据表 4.4 显示数据，企业能力和资产专用性×企业能力的容忍度小于 0.1，其余变量的容忍度均大于 0.1①，故可认为，其余变量基本不存在多重共线性问题，这与经验法则判断的结论一致。为消除以上两个变量的多重共线性，本研究从有共线性的变量中剔除不重要变量来消除多重共线性（卢纹岱，2010），结合研究需要，将企业能力剔除②。

在对变量多重共线性进行检验的基础上，将调整后的变量引入 Ordinal Regression 模型进行估计，结果如表 4.5 至表 4.8 所示。

表 4.5　模型拟合信息

模型	－2 对数似然值	卡方	自由度	显著性
仅截距	203.584			
最终	63.300	140.284	12	0.000

联结函数：Logit

表 4.6　拟合度

	卡方	自由度	显著性
Person	75.509	176	1.000
Deviance	63.300	176	1.000

联结函数：Logit

① 如果某个自变量的容忍度小于 0.1，则可能存在共线性问题（卢纹岱，2010）。

② 除借助经验法则判断外，剔除企业能力也是参照了产业专家意见，访谈中，产业专业一直对企业能力的影响存在质疑，但鉴于研究的需要，企业能力和资产专用性的交互项仍保留。

表 4.7 伪 R^2 值

统计量	取值
Cox 和 Snell	0.772
Nagelkerke	0.874
McFadden	0.689

联结函数：Logit

表 4.5 给出了模型拟合信息，从中可以看出，仅含有截距项的似然对数值为 203.584，最终模型卡方值是 63.300，显著性为 0.000，表明最终模型更为显著。

表 4.6 给出了两个拟合度统计量值，Pearson 卡方统计量和偏差卡方统计量（Deviance）的显著性均为 1.000，因此，可以接受模型拟合状况良好的原假设。

表 4.7 给出了伪 R^2 的三个统计量结果，Cox 和 Snell、Nagelkerke 以及 McFadden R^2 统计量值分别为 0.772、0.874 和 0.689，三个 R^2 统计量都比较接近 1，可见模型的拟合程度比较好。

表 4.8 给出了参数估计值的统计列表，从 Wald 统计量及显著性水平可看出，在 0.1 水平上，资产专用性、供应商不确定性、消费者关注度、政府监管、业务类型、资产专用性×供应商不确定性、资产专用性×顾客不确定性、资产专用性×消费者关注度、资产专用性×政府监管和资产专用性×业务类型在模型中显著，而顾客不确定性和资产专用性×企业能力却不显著。

统计显著的变量中，系数估计值的符号显示了对假设的检验。若交互项系数为正，表明随调节变量取值的增大，因变量

表 4.8　参数估计值

		估计值	标准误	Wald 统计量	自由度	显著性	95%置信区间	
							下限	上限
阈值	[追溯行为＝0]	−4.724	1.506	9.837	1	0.002	−7.676	−1.772
	[追溯行为＝1]	2.771	1.177	5.542	1	0.019	0.464	5.077
位置	资产专用性	1.374	0.401	11.759	1	0.001	0.589	2.159
	供应商不确定性	1.235	0.440	7.893	1	0.005	0.373	2.096
	顾客不确定性	−0.048	0.280	0.030	1	0.863	−0.597	0.500
	消费者关注度	0.765	0.276	7.678	1	0.006	0.224	1.306
	政府监管	0.680	0.302	5.082	1	0.024	0.089	1.271
	业务类型	−1.393	0.552	6.374	1	0.012	−2.475	−0.312
	资产专用性×供应商不确定性	0.407	0.185	4.837	1	0.028	0.044	0.770
	资产专用性×顾客不确定性	0.225	0.117	3.718	1	0.054	−0.004	0.454
	资产专用性×消费者关注度	−0.263	0.116	5.114	1	0.024	−0.490	−0.035
	资产专用性×政府监管	0.285	0.121	5.544	1	0.019	0.048	0.523
	资产专用性×企业能力	0.002	0.002	2.580	1	0.108	.000	0.005
	资产专用性×业务类型	−0.491	0.212	5.364	1	0.021	−0.906	−0.075

联结函数：Logit

和自变量之间的关系得到增强；若交互项的系数为负，则表明随着调节变量取值的增大，因变量和自变量之间的关系得到减弱。循着这一规律，除假设四和假设六以外，其他假设均得到支持。现就每一假设的检验情况讨论如下：

（1）资产专用性的系数的估计值为1.374，且显著，表明随着专用性资产投资的增加，企业更倾向于实施更高水平的质量安全可追溯行为。假设一得到支持。

（2）资产专用性×供应商不确定性系数的估计值为0.407，且显著，表明随着供应商所提供原料质量安全不确定性的增大，资产专用性和企业质量安全可追溯行为水平间的正向关系得以增强。假设二得到支持。

（3）资产专用性×顾客不确定性系数的估计值为0.225，且显著，表明随着顾客销售过程中质量安全不确定性增大，资产专用性和企业质量安全可追溯行为水平间的正向关系得以增强。假设三得到支持。

（4）资产专用性×消费者关注度系数的估计值为－0.263，且显著，表明随着感知消费者食品安全关注度的增大，资产专用性和企业质量安全可追溯行为水平间的正向关系得以减弱。假设四未得到支持，可能的原因是：消费者对食品安全的关注隐含着其对质量安全的要求。尽管消费者对食品安全关注度很高，但猪肉质量安全具有经验品特征，消费者无法辨识产品质量安全的好坏，也无力确定问题产品来源，即便找到来源，也很难确定其危害并证实。另外，部分企业愿意付出一定的成本向消费者提供高质量安全产品，却由于价格相对较高，无法在市场上得以实现，反而会被低劣产品驱逐出市场。鉴于以上两方面原因，消费者作为企业产品最终实现的群体，即使企业主观上能明显感知到消费者食品安全关注度的提高，但由于市场机制不健全，消费者需求无法内化为企业提高产品质量安全、减少风险的动力，因而也无法真正威胁企业的专用性资产投资。一些专用性资产投资较高的企业，由于其产品的质量安全特征无法得到市场认可，反而会选择较低水平的质量安全可追溯行为。

（5）资产专用性×政府监管系数的估计值为 0.285，且显著，表明随着企业感知到政府对猪肉质量安全监管力度的增大，资产专用性和企业质量安全可追溯行为水平间的正向关系得以增强。假设五得到支持。

（6）资产专用性×企业能力系数的估计值为 0.002，但不显著，假设六未得到支持，可能的原因是：企业实施质量安全可追溯行为的能力主要包含技术和管理人员比例、信息化建设和信任情况，描述性统计表现出绝大多数企业规模偏小，信息化建设薄弱，与供应链上下游组织存在一定信任，但并不强。因此，企业与上下游组织的信息纵向协作能力普遍较弱，质量安全可追溯行为的成本仍较高，不能有效节约交易费用，所起的调节作用不显著。

（7）资产专用性×业务类型系数的估计值为－0.491，且显著，表明随着代宰业务占企业总业务比例的增大，资产专用性和企业质量安全可追溯行为水平间的正向关系得以减弱。假设七得到支持。

除对假设的检验，模型的参数估计还可以得到以下结果：

（1）从模型主效应看，业务类型对企业选择质量安全可追溯行为水平的影响程度最大，且为负向，而政府监管对企业选择质量安全可追溯行为水平的影响程度最小，但为正向，处在其中的依次为：供应商不确定性和消费者关注度，方向均为正；顾客不确定则不显著。这一结果表明，企业实施质量安全可追溯行为的水平受到企业业务类型的影响最强，代宰业务由于无法实现质量安全产权的转移，其比例越高，企业越没有动力实施质量安全可追溯行为。供应商不确定性、消费者关注度和政府监管在企业质量安全可追溯行为水平的选择过程中也扮演了重要角色。由于当前猪肉质量安全问题大多出自养殖环节，上游供应商质量安全的不确定性很大，因此，企业希望通过实施质量安全可追溯行为来有效获取上游供应商所提供原料的质量安全信息。尽管消费者食品安全关注度的提高减弱了资产专用性和企业质量安全可追溯行为水平间的正向关系，但就其直接影响而言，企业感知到消费者对食品安全关注度越高，还是能在一定程度上激发企业的质量安全可追溯行为。政府监管对企业生产经营活动有直接影响，可直接激发企业对质量安全可追溯行为水平的选择，但由于监管资源的限制，容易形成盲区，导致企业存有一定的侥幸心理，因此其作用强度不如其他变量。以上结果与前人研究基本一致。顾客不确定性对企业质量安全可追溯行为水平的直接作用不显著，这可能是由于在没有发生食品安全问题大多数时间里，企业在质量安全管理中较少关注这类因素，而当出现食品安全问题时，在明确责任归属的驱使下，企业才会考虑这类因素所产生的影响，故在主效应中不显著，而在调节效应中显著①。

需要指出的是，模型显示的资产专用性对企业选择质量安全可追溯行为水平的影响程度并非最强，出现这一结果的主要

① 产业专家的访谈结果也对此进行了证实。

原因是，在企业选择质量安全可追溯行为水平的过程中，业务类型、供应商不确定性、消费者关注度和政府监管对企业的影响作用更加直接，但这并不能否认企业专用性资产投资在决定质量安全可追溯行为水平选择中的基础地位，前人研究已证实，一些变量均通过影响资产专用性来改变企业各项交易过程的交易费用，进而对质量安全可追溯行为产生影响（Hobbs，2006；Erramilli 和 Rao，1993；Wang 和 Bravo，2010）。

（2）与主效应相比，支持假设的调节变量中，业务类型最强，顾客不确定性最弱，处在其中的依次为供应商不确定性和政府监管。业务类型无论是在促使企业选择质量安全可追溯行为水平，还是调节资产专用性与质量安全可追溯行为水平间的正向关系上，影响程度均最强，由此可见，代宰业务比例是影响当前企业实施质量安全可追溯行为的首要因素。与主效应一致，供应商不确定性和政府监管也较高；尽管在主效应中，顾客不确定的影响不显著，但其正向调节作用仍较显著，只是程度略低。对比还发现，以上变量在主效应中所显示出来的影响程度排序与其所起的调节作用排序大体一致，即主效应中的影响程度越强，调节作用也越强，这也更加印证了资产专用性在企业质量安全可追溯行为水平决定中的基础地位。

4.5　本章小结

本章通过理论分析，推导出质量安全可追溯行为实质上是一种供应链的纵向协作机制，据此提出交易费用决定猪肉加工企业质量安全可追溯行为的假设，并构建出一个扩展的交易费用实证框架；根据已有研究，实证框架确立了专用性资产投资水平作为最基础的交易费用因素对行为具有决定作用，而其他交易费用因素（如：质量安全不确定性）和一些非交易费用因素则在这一过程中起调节作用。指标设计和测量参照了前人研究的经验，并在改进的基础上提出了适合本研究的指标体系，特别是创新性地使用 Golan（2004）所提出的广度、精度和深度对猪肉加工企业质量安全可追溯行为水平进行测量。计量检验方面，本研究尝试使用以往研究较少采用的 Ordinal Logit 模型进行估计，计量结果初步验证了代表交易费用大小的专用性资产投资水平在交易费用因素和非交易费用因素的调节作用下决定猪肉加工企业质量安全可追溯行为水平这一基本假设。

第5章　猪肉加工企业质量安全可追溯的运作绩效研究

从第2章中研究综述可以看出，国内外研究在针对供应链管理、产品差异化/产品实现和提高内部质量安全控制三个目标构建成本收益框架，进而研究质量安全可追溯的运作绩效及其影响因素上已形成共识。不同的是，国外研究既关注产业，也关注微观企业，同时还注重两者间的融合，研究方法包括理论推导、案例分析和实证研究，所得出的结论具有较强的理论和现实性。而国内研究则较为笼统，尽管多关注企业，但忽视了企业间的差异，同时研究方法多采用理论推导，其结论尚缺乏说服力。鉴于国内外研究的差异及国内研究的不足，本章将借鉴国外学者研究框架，并结合我国猪肉加工企业发展现状，对质量安全可追溯运作绩效及其影响因素展开实证研究。

5.1　运作绩效分析：基于成本收益的实证

5.1.1　运作绩效指标

第1章概念界定显示，猪肉加工企业质量安全追溯行为运作绩效表现为供应链管理、产品差异化/产品实现和提高内部质量安全控制三个目标上的有效输出。基于对成本收益的考量，借鉴 Chryssochoidis 等（2009）、George 等（2009）、Matthias等（2009）和Velthuisa等（2009）所提出的分析框架，结合产业专家访谈，围绕三个目标和可能的成本提出以下20个具体指标，如表5.1所示。

表5.1 猪肉加工企业质量安全可追溯运作绩效的指标构成

序号	指标（变量名）
1	交易错误减少（V_1）
2	库存减少（V_2）
3	需求预期能力改善（V_3）
4	由于误放和错误运输所引起损失减少（V_4）
5	能正确地从供应链的所有节点进行接收和运送能力改善（V_5）
6	资产可见性提高（V_6）
7	生产控制力增强（V_7）
8	企业决策效率的改善（V_8）
9	仿冒产品减少（V_9）
10	对政府规制的完全履行能力的提高（V_{10}）
11	顾客对产品信任度的提高（V_{11}）
12	竞争优势改善（V_{12}）
13	更好的追踪和管理被退回的个体和物流资产（V_{13}）
14	问题产品快速精准召回（V_{14}）
15	生产活动追踪能力改善（V_{15}）
16	产品质量提高（V_{16}）
17	产品召回失败或延误时，企业声誉损失的避免能力改善（V_{17}）
18	组织结构模式变化并趋于复杂（V_{18}）
19	内部管理方式变化并趋于复杂（V_{19}）
20	上下游组织间的协作方式变化并趋于复杂（V_{20}）

注：为方便研究，这里的V_{18}、V_{19}和V_{20}三项指标均涵盖购置检测仪器等资产性投入，这一建议由产业专家提出，同时国外学者的相关研究也大多采用这种处理方法。

需要指出的是，在表 5.1 所显示的猪肉加工企业质量安全可追溯运作绩效指标中，V_{18}、V_{19}、V_{20} 三个指标表示企业在质量安全可追溯建设中可能的成本支出，成本支出是一种负向输出，对绩效具有削减作用，可视为负向绩效，因而可被纳到运作绩效的指标体系中。除此之外，其余 17 个指标均为供应链管理、产品差异化/产品实现和提高内部质量安全控制三个目标上的正向输出，且对绩效具有增进作用，可视为正向绩效。

5.1.2 研究方法

1. 变量说明与测量

表 5.1 所示的 20 项指标可直接转化成变量，各变量内涵在表 5.1 中已有非常详尽的描述，在此不再进行说明。由于数据获取的困难，本研究借鉴国外学者普遍采用的测量方法，即主观评价法①对以上变量进行测量（Chryssochoidis，Karagiannaki 和 Pramatari 等，2009）。

2. 计量方法与过程

借鉴前人研究（白丽等，2010；Banterle 和 Stranieri，2008），本部分采用因子分析和聚类分析研究猪肉加工企业质量安全追溯的运作绩效。首先利用因子分析对变量进行缩减，提取公因子；然后利用公因子进行聚类分析，归纳出不同猪肉加工企业质量安全追溯的运作绩效模式。数据分析和处理借助 SPSS 16.0 软件完成。

---

① 问卷对运作绩效指标变量的测量采用李克特量表，让受访者对企业实施质量安全追溯行为前后变量所示内容的变化情况进行评分，其中“1”表示无任何变化，“7”表示变化非常显著，“2、3、4、5、6”所表示的变化强度介于其中。

5.1.3 变量描述性统计

样本企业基本情况的描述性统计见 1.7.2 部分，此处仅对猪肉加工企业质量安全可追溯运作绩效指标变量的数据情况作描述性统计，如表 5.2 所示，包括有效样本数、缺失样本数，均值、标准差和方差。

表 5.2 运作绩效指标变量的描述性统计

变量名	有效样本数	缺失样本数	均值	标准差	方差
V_1	142	1	3.23	1.497	2.242
V_2	143	0	3.24	1.546	2.389
V_3	143	0	3.16	1.453	2.112
V_4	143	0	3.48	1.196	1.431
V_5	141	2	3.34	1.221	1.491
V_6	143	0	3.21	1.549	2.398
V_7	143	0	3.74	0.920	0.847
V_8	143	0	3.46	1.205	1.451
V_9	140	3	3.88	1.190	1.416
V_{10}	143	0	3.77	0.801	0.642
V_{11}	143	0	3.96	0.928	0.861
V_{12}	143	0	3.32	0.877	0.768
V_{13}	143	0	3.26	1.551	2.405
V_{14}	143	0	3.17	1.659	2.751
V_{15}	139	4	3.54	1.187	1.409
V_{16}	143	0	3.21	1.562	2.440
V_{17}	143	0	4.06	0.993	0.986
V_{18}	143	0	2.22	1.038	1.078
V_{19}	140	3	2.28	1.013	1.025
V_{20}	143	0	2.34	1.074	1.154

注：根据 SPSS16.0 的运行结果整理而成。

从表 5.2 所显示的运作绩效指标变量评分均值来看，仅有 6 个指标变量评分均值超过了中间值 3.5，且全部为正向绩效，分别是 V_7、V_9、V_{10}、V_{11}、V_{15} 和 V_{17}，而其余 14 个指标变量，包括 11 个正向绩效指标变量和 3 个负向绩效指标变量评分均值均小于中间值 3.5。这一情况表明，样本企业通过建设质量安全可追溯仅在生产控制力、仿冒产品减少、政府规制履行能力、顾客对产品的信任度、生产活动追踪能力和产品召回失败时的声誉损失避免能力上实现了一定程度的改善，而在其他更多方面并未真正使绩效得以增进，企业通过建设获取总体正向绩效仍较低。同时，三个负向输出指标变量评分均值较低则说明样本企业所实施的质量安全可追溯行为水平普遍较低，因为较低水平的质量安全可追溯行为将导致较低的成本支出（Prendergast，1999；Golan，2004；Hobbs，2004；吴秀敏和严莉，2012），这一情况也与第 4 章中对样本企业质量安全可追溯行为的描述性统计结果基本吻合。

综合以上，我们可认为，样本企业质量安全可追溯的总体运作绩效仍处于较低水平，表现为较低的质量安全可追溯行为水平导致了在成本支出上的负向输出较低，而供应链管理、产品差异化/产品实现和提高内部质量安全控制三个目标上的正向输出也较低。

5.1.4　因子分析与结果

1. 相关性检验

在因子分析前，有必要进行变量相关性检验，以确定变量间的相关程度，相关矩阵如表 5.3 所示。

表 5.3　变量的

	V_1	V_2	V_3	V_4	V_5	V_6	V_7	V_8	V_9	V_{10}
V_1	1.000									
V_2	0.914***	1.000								
V_3	0.927***	0.921***	1.000							
V_4	0.925***	0.942***	0.937***	1.000						
V_5	0.780***	0.761***	0.788***	0.816***	1.000					
V_6	0.946***	0.956***	0.958***	0.980***	0.813***	1.000				
V_7	0.823***	0.834***	0.825***	0.937***	0.745***	0.866***	1.000			
V_8	0.933***	0.938***	0.933***	0.986***	0.815***	0.970***	0.944***	1.000		
V_9	−0.273**	−0.305**	−0.275**	−0.157	0.052	−0.277**	0.066	−0.143	1.000	
V_{10}	0.000	−0.025	0.022	0.083	0.254*	0.013	0.189	0.088	0.687***	1.000
V_{11}	0.242*	0.227	0.247*	0.350***	0.533***	0.262**	0.455***	0.347***	0.701***	0.681***
V_{12}	0.127	0.077	0.1	0.152	0.259**	0.113	0.223	0.167	0.423***	0.421***
V_{13}	0.881***	0.849***	0.874***	0.845***	0.836***	0.898***	0.682***	0.843***	−0.256*	0.057
V_{14}	0.709***	0.683***	0.710***	0.691***	0.663***	0.757***	0.532***	0.678***	−0.293**	−0.042
V_{15}	0.842***	0.792***	0.829***	0.824***	0.843***	0.854***	0.709***	0.826***	−0.13	0.143
V_{16}	0.843***	0.791***	0.834***	0.808***	0.828***	0.861***	0.653***	0.805***	−0.218	0.072
V_{17}	0.734***	0.725***	0.759***	0.772***	0.798***	0.772***	0.675***	0.759***	−0.082	0.124
V_{18}	0.083	0.087	0.11	0.093	0.09	0.115	0.093	0.087	−0.097	−0.053
V_{19}	0.131	0.127	0.149	0.131	0.151	0.157	0.136	0.143	−0.084	0.002
V_{20}	0.121	0.111	0.154	0.116	0.166	0.146	0.091	0.105	−0.131	0.007

注：*** 表示在 0.001 水平上显著，** 表示在 0.005 水平上显著，* 表示在 0.01 水平上显著。

相关矩阵

V_{11}	V_{12}	V_{13}	V_{14}	V_{15}	V_{16}	V_{17}	V_{18}	V_{19}	V_{20}
1.000									
0.534***	1.000								
0.329**	0.154	1.000							
0.271**	0.209	0.871***	1.000						
0.432***	0.215	0.980***	0.863***	1.000					
0.296**	0.119	0.925***	0.738***	0.909***	1.000				
0.448***	0.134	0.871***	0.703***	0.882***	0.772***	1.000			
−0.034	−0.102	0.102	0.021	0.116	0.186	0.099	1.000		
−0.01	0.074	0.161	0.116	0.178	0.209	0.108	0.902***	1.000	
−0.017	−0.041	0.161	0.086	0.174	0.239*	0.147	0.923***	0.897***	1.000

2. 因子分析的适用性检验

根据统计学原理，变量是否适合做因子分析必须经过KMO and Bartlett球形检验，只有检验通过才能进行因子分析。KMO and Bartlett球形检验结果如表5.4所示，采样充足度Kaiser-Meyer-Olkin测度值为0.867，Bartlett球形检验的卡方统计值足够大，相伴概率为0.000，表明变量数据适合做因子分析，通过因子分析的适用性检验（卢纹岱，2010）。

表5.4 KMO and Bartlett's检验结果

Kaiser-Meyer-Olkin 测度值		0.867
Bartlett 球形检验	卡方统计值	364.4
	自由度	240
	相伴概率	0.000

3. 公因子提取结果及分析

根据相关系数矩阵可计算出变量原始特征值、方差贡献率和累计贡献率，如表5.5所示。本研究按照特征值大于1的标准（卢纹岱，2010），提取出3个公因子，方差累积贡献率达到84.318%，表明这3个公共特征因子所含有的信息量可以代表原来20个变量信息的84.318%。

旋转后的因子荷载矩阵如表5.6所示。公因子1在交易错误减少（V_1）、库存减少（V_2）、需求预期能力改善（V_3）、由于误放和错误运输所引起损失减少（V_4）、正确地从供应链的所有节点进行接收和运送能力改善（V_5）、资产可见性提高（V_6）、生产控制力增强（V_7）、企业决策效率的改善（V_8）、更

表 5.5　变量累计方差

变量	初始特征值			提取因子荷载			旋转后的因子荷载		
	合计	方差贡献率	方差累计贡献率	合计	方差贡献率	方差累计贡献率	合计	方差贡献率	方差累计贡献率
V_1	11.256	56.281	56.281	11.256	56.281	56.281	11.067	55.336	55.336
V_2	3.004	15.021	71.302	3.004	15.021	71.302	2.940	14.700	70.036
V_3	2.603	13.016	84.318	2.603	13.016	84.318	2.856	14.281	84.318
V_4	0.889	4.447	88.765						
V_5	0.691	3.453	92.217						
V_6	0.376	1.882	94.100						
V_7	0.258	1.289	95.389						
V_8	0.209	1.043	96.432						
V_9	0.150	6.752	97.185						
V_{10}	0.137	6.685	97.869						
V_{11}	0.090	0.451	98.320						
V_{12}	0.081	0.406	98.726						
V_{13}	0.075	0.375	99.100						
V_{14}	0.060	0.299	99.399						
V_{15}	0.054	0.268	99.667						
V_{16}	0.035	0.177	99.845						
V_{17}	0.016	0.082	99.927						
V_{18}	0.010	0.051	99.978						
V_{19}	0.003	0.017	99.995						
V_{20}	0.001	0.005	100.000						

注：提取方法：主成分分析法。

好的追踪和管理被退回的个体和物流资产（V_{13}）、问题产品快速精准召回（V_{14}）、生产活动追踪能力改善（V_{15}）、产品质量提高（V_{16}）、产品召回失败或延误时，企业声誉损失的避免能力改善（V_{17}）13 个变量上有较高因子荷载，这些变量均与供应链管理和内部质量安全控制有关，而内部质量安全控制实际上是供应链管理的重要组成部分（Schermerhorn，1977；Lee，Kut 和 Christopher，2000；Li 和 Lin，2006；孙世民，2008），故可将公因子 1 命名为“供应链管理因子”。公因子 2 在仿冒品产品减少（V_9）、对政府规制的完全履行能力的提高（V_{10}）、顾客对产品信任度的提高（V_{11}）、竞争优势改善（V_{12}）4 个变量上有较高因子荷载，这些变量均与产品差异化/产品实现有关，可将公因子 2 命名为“产品差异化/产品实现因子”。公因子 3 在组织结构模式变化并趋于复杂（V_{18}）、内部管理方式变化并趋于复杂（V_{19}）、上下游组织间的协作方式变化并趋于复杂（V_{20}）3 个变量上有较高因子荷载，这些变量均与成本支出的范畴，可命名为“成本支出因子”。

表 5.6　旋转后的因子荷载矩阵

变量	公共特征因子		
	1	2	3
V_1	0.951	−0.041	0.032
V_2	0.941	−0.077	0.026
V_3	0.952	−0.039	0.059
V_4	0.959	0.069	0.034
V_5	0.856	0.300	0.083
V_6	0.980	−0.034	0.059

（续）

变量	公共特征因子		
	1	2	3
V_7	0.842	0.241	0.037
V_8	0.956	0.079	0.033
V_9	−0.256	0.891	−0.062
V_{10}	0.022	0.851	0.014
V_{11}	0.317	0.875	−0.023
V_{12}	0.136	0.660	−0.022
V_{13}	0.951	0.022	0.072
V_{14}	0.811	−0.029	0.008
V_{15}	0.923	0.143	0.095
V_{16}	0.895	0.027	0.155
V_{17}	0.845	0.156	0.061
V_{18}	0.050	−0.059	0.970
V_{19}	0.099	0.008	0.956
V_{20}	0.094	−0.033	0.967

注：提取方法：主成分分析法。旋转方法：最大方差法。经过 4 次迭代收敛。

5.1.5　聚类分析与结果

利用 SPSS16.0 计算三个公因子在每个样本上的得分，对样本企业进行聚类分析，使用快速样本聚类（Quick Cluster）方法，在得出最终结果之前，通过软件进行多次试算，最终确定 143 家样本企业聚为 3 类是可行的[①]，以此设置相关参数，

① 最终的聚类数除根据软件反复试算外，还结合了产业专家对样本企业的考察。

运行结果如表 5.7 至表 5.9 所示。

表 5.7　方差检验表

公因子	类		误差		F 值	Sig 值
	均方	自由度	均方	自由度		
公因子 1	4.964	3	0.915	141	5.427	0.006
公因子 2	27.248	3	0.436	141	62.562	0.000
公因子 3	38.830	3	0.186	141	208.265	0.000

表 5.8　各类的样本数情况

类别	1	16
	2	56
	3	71
有效样本数		143
缺失样本数		0

表 5.9　最终类中心

	类		
	1	2	3
公因子 1	0.44838	0.28952	−0.28585
公因子 2	0.04516	0.57178	−1.19508
公因子 3	1.93329	−0.36325	−0.52360

表 5.7 为方差分析表，显示公因子在三类样本企业中差异的显著性情况，从结果来看，“供应链管理因子”“产品差异/

产品实现因子”和“成本支出因子”在P＜0.01水平上存在显著差异。

表5.8为样本企业分类情况，143家样本企业中，16家组成第一类，56家组成第二类，71家组成第三类。

表5.9为样本聚类分析后所形成的类中心情况，依据统计学原理及聚类过程，类中心体现了类特征（卢纹岱，2010）。根据类中心公因子得分情况①，可将我国猪肉加工企业质量安全追溯运作绩效的模式归为三类，具体如下：

第一类为供应链改善型绩效模式，这类企业的运作绩效中，“供应链因子”得分最高，“产品差异化/产品实现因子”得分处在中间水平，“成本支出因子”得分也最高，表明质量安全可追溯能显著改善供应链管理效率，对运作绩效的贡献最大，在产品差异化/产品实现上的绩效一般，企业实施质量安全追溯，在组织构架，管理方式转换上存在很大困难，成本支出很大。对企业特征的考察可发现，这类企业规模普遍较大，平均年生产能力折合猪只数量达到32万头，企业发展历史较长，大多具有自有品牌，所取得的资质、认证和信息化程度均较高，质量安全可追溯水平也很高，同时这类企业产品销售量较大，大多数企业寄希望于通过质量安全追溯行为改善供应链管理效率，减少控制成本。调查显示，超过九成的企业认为，供应链效率的改善和产品销量的上升共同弥补了成本支出。从样本企业数量来看，16家企业属于此类，占样本总数的11.2%，数量

① SPSS16.0软件的因子分析模块中，公因子得分结果是标准化后的结果，样本数据标准化仍可反映原始数据的趋势（卢纹岱，2010）。

最少。

第二类为市场实现型绩效模式，这类企业的运作绩效中，“产品差异化/产品实现因子”得分最高，“供应链因子”和“成本支出因子”得分都处在中间水平。表明质量安全可追溯极大改善了产品交易环境，更好实现了产品销售，对运作绩效的贡献最大，而在供应链管理改善上所获取的绩效水平一般，企业质量安全可追溯的成本支出也一般。对企业特征的考察可发现，这类企业规模中等，平均年生产能力折合猪只数量达7.6万头，企业品牌，取得的资质和认证、信息化程度均处于中等水平，质量安全追溯行为水平也一般，但这类企业大多处在市场扩张阶段，市场响应度高，对质量安全可追溯促进产品差异化和产品实现抱有很大期望。从样本企业数量来看，56家企业属于此类，占样本总数的39.2%，数量最处在中间水平。

第三类为匮乏型绩效模式，这类企业的运作绩效中，“供应链因子”“产品差异化/产品实现因子”和“成本支出因子”得分均处在最低水平。表明企业在实施质量安全可追溯行为前后，供应链效率，产品实现、成本支出均未出现显著改变。对企业特征的考察可发现，这类企业规模大多很小，平均年生产能力折合猪只数量只有0.43万头，企业基本无品牌、资质和认证，信息化程度很低，质量安全追溯行为也处于较低水平。调查发现，这类企业普遍质量安全管理意识低下，投机心理严重。从样本企业个数来看，71家企业属于此类，占样本总数的49.6%，数量最多。匮乏型绩效模式的企业为数众多，致使整个样本企业运作绩效的描述性统计分析也呈现出类似特征。

5.2 运作绩效的影响因素分析

5.2.1 运作绩效的影响因素

管理学中的“绩效”理论指出，任何组织行为的绩效都受到员工技能、外部环境、内部条件和激励效应的影响①。Porter（1979）将其划分为内部环境因素和外部环境因素，Bain（1956）所提出的 SCP（Structure-Conduct-Performance）范式也认为企业任何行动的绩效都受制于其所处的内外部环境。质量安全追溯作为猪肉加工企业的组织活动，其绩效的也随着内外部环境的变化而发生变动。

此外，质量安全可追溯作为一种纵向协作模式，其绩效还体现为交易费用变化（Hobbs，1996），North（1989）和 Williamson（1985）认为交易费用通常受到正式制度和非正式制度的影响②，多数对欧盟、日本和美国质量安全可追溯实践得研究也证实了其绩效受制于制度（Hobbs，2004；Souza-Monteiro 和 Caswell，2004；Banterle 和 Stranieri，2008 等）。

综合以上两种理论，Williamson（1985）提出，制度条件代表着一种环境特征，影响或协调着一切组织活动；这表明制

---

① 员工技能是指员工具备的核心能力，是内在的因素，经过培训和开发是可以提高的。外部环境是指组织和个人面临的不为组织所左右的因素，是客观因素，是完全不能控制的。内部条件是指组织和个人开展工作所需的各种资源，也是客观因素，但在一定程度上是可以改变的。激励效应是指组织和个人为达成目标而工作的主动性、积极性，为主观因素。

② 正式制度包括产权制度、市场制度、法律制度、企业本身的治理结构等。非正式制度则包括伦理道德、文化习俗、意识形态等。

度实际上体现了环境特征，产权、市场和法律等正式制度，文化习俗和意识形态等非正式制度通常被归为外部环境因素，而治理结构和伦理道德通常被归为内部环境因素。因此本研究在对企业质量安全可追溯运作绩效影响因素的提炼中，可综合考虑其所处的制度和环境，并将影响因素划分为外部环境因素和内部环境因素两类。

1. 外部环境因素

根据国内外相关研究及我国猪肉产业发展现状，猪肉加工企业质量安全可追溯运作绩效的外部环境影响因素主要包括：

（1）猪肉质量安全监管状况。政府是猪肉质量安全监管的主体。一方面，政府管制越严，企业通过质量安全可追溯生产的产品越容易满足法律、法规和制度要求，同时产品在市场上实现的障碍越小；另一方面，当遭遇食品安全危机时，政府惩罚越严厉，企业通过质量安全可追溯实现内部质量管理，快速定位问题产品并控制影响，有效挽回损失和减轻惩罚，由供应链管理效率提高所带来的有效输出更多（Antle，2000；Caswell 等，2003）。综合以上，政府管制越严，运作绩效水平就越高。

（2）产业结构。产业结构直接表现为产业集中度（王俊豪，2008），产业集中度越高，目标市场上竞争越少，市场更趋向垄断，质量安全可追溯对产品实现的贡献越小；产业集中度越低，目标市场上竞争越激烈，企业借助质量安全可追溯行为保证质量安全，通过差异化产品扩大市场份额。因此，产业集中度越高，质量安全追溯行为的运作绩效越低。

（3）产业政策。与质量安全可追溯有关的产业政策主要包括资金和技术支持，培训和认证服务等，能有效降低企业追溯行为成本支出（吴秀敏和严莉，2012），即产业政策执行得越好，追溯行为的成本支出越小，运作绩效水平就越高。

（4）消费者需求。消费者处在供应链终端，直接影响产品实现。消费者对猪肉质量安全的需求越强，企业通过质量安全可追溯行为生产出高质量安全性产品就越容易在市场上实现。因此，消费者需求越强，运作绩效水平越高。

2. 内部环境因素

（1）企业特征。企业特征是指其在生产经营活动中展现出区别于其他企业的特点，是企业质的体现，企业特征对其质量安全追溯行为的运作绩效存在影响（杨秋红和吴秀敏，2008）。综合前人研究并结合产业专家意见，企业特征大致包括业务链长度、追溯是否成为战略、品牌、决策者食品安全意识、企业对上下游的控制力、企业资质、质量安全认证情况。

业务链长度。一般认为业务链越长，表明企业生产愈加复杂，实施质量安全追溯行为所付出的成本就会越多，负向运作绩效愈大。

质量安全可追溯是否成为战略。一旦质量安全可追溯成为企业战略，企业上下均会对此产生共识，将会举全员之力付诸实践，因此对供应链管理、产品产异化/产品实现和成本支出等方面的输出均存在不同方向的影响。

品牌。品牌作为一种无形资产，在市场上发挥着标识功能，产品所具有的可追溯特征由于品牌而更容易被市场识别和认同，故增加在产品实现上的有效输出。

决策者食品安全意识。企业决策者的食品安全意识越强，对质量安全追溯行为的实施愈加重视，决策者将会协调一切资源来促进质量安全追溯行为的实施，成本支出将减少。

企业对上下游组织的控制力。企业对上下游组织的控制力越强，实施质量安全可追溯行为将会变得容易，成本支出就越低（Alfaro，2006）。另外，若控制力越强，表明供应链管理达到相当水平，企业再通过实施质量安全可追溯行为可能会打破既定供应链管理模式，反过来会引起成本支出的增加。因此，控制力对运作绩效有影响但方向不明确。

企业资质。企业资质是企业内部各项生产经济活动达到一定水平的证明，作为一种标识而参与市场竞争，企业资质等级越高，说明企业各项生产经济活动越加规范。企业资质的公信力来源于给予资质的部门，在我国一般为政府。质量安全可追溯行为可有效对资质所涵盖的生产特征进行揭示，并传达给消费者，导致产品的差异化，通过价格溢出和销量增加来加速产品实现。因此，企业的资质等级越高，其运作绩效水平越高。

质量安全认证体系。质量安全认证体系对运作绩效的影响机理同企业资质，通过对质量安全认证的证实，消费者提高意愿支付（Latouche 等，1998；Loureiro 和 Umberger，2007），更好实现产品。另外，质量安全认证能使追溯变得更容易（Golan，2004），可有效减少成本支出。综合以上，企业认证等级越高，其运作绩效水平越高。

（2）企业能力。主要包括企业规模、信息化程度和企业与上下游组织间的信任情况。

企业规模。质量安全可追溯行为存在规模经济性（Golan，2004），企业规模越大，单位产品上的质量安全追溯成本则越小，企业总体质量安全追溯行为的成本支出（负向绩效）将大大落后于规模的增长速度，因此，其运作绩效将得以增进。

信息化程度。质量安全可追溯作为一种信息纵向协作机制，企业固有的信息化程度对其成本支出存在显著影响（Golan，2004；Hobbs，2000），企业的信息化程度越高，成本支出就越小，运作绩效水平就越高。

企业与上下游组织间的信任。一方面，企业与上下游组织间的信任度越高，就越容易实施质量安全追溯行为，成本支出就越低；另一方面，若信任度很高，表明供应链管理已经达到了相当水平（Li 和 Lin，2008），企业再通过实施质量安全追溯行为可能会打破既定的供应链管理模式，反过来会引起成本支出（负向绩效）的增加。因此，信任对运作绩效有影响但方向不明确。

（3）质量安全可追溯行为水平。Golan（2004）将质量安全追溯从广度、深度和精度上进行了划分，随着质量安全追溯行为在三个维度上的深入，其成本（负向有效输出）也随之提高（杨秋红、吴秀敏，2008），因此也会影响运作绩效。

5.2.2　研究假设

根据 5.2.1 部分对运作绩效影响因素的分析，可提出以下研究假设：

假设一：业务链长度负向影响运作绩效水平。

假设二：战略情况正向影响运作绩效水平。

假设三：品牌情况正向影响运作绩效水平。

假设四：信任情况与运作绩效水平之间的关系不明确。

假设五：决策者意识正向影响运作绩效水平。

假设六：控制力与运作绩效水平之间的关系不明确。

假设七：企业资质正向影响运作绩效水平。

假设八：企业规模正向影响运作绩效水平。

假设九：认证情况正向影响运作绩效水平。

假设十：信息化情况正向影响运作绩效水平。

假设十一：追溯行为水平负向影响运作绩效水平。

假设十二：政府管制正向影响运作绩效水平。

假设十三：消费者需求正向影响运作绩效水平。

假设十四：产业集中度负向影响运作绩效水平。

假设十五：产业政策执行情况正向影响运作绩效水平。

5.2.3 计量模型与变量说明

1. 计量模型

计量模型采用线性回归模型，并利用普通最小二乘法（OLS）进行参数估计，模型形式如下：

$$L_i = L(I_i,\ E_i) + \varepsilon_i \tag{5.1}$$

（5.1）式中，L_i 表示第 i 个企业追溯行为的运作绩效，I_i 表示内部环境特征，E_i 表示外部环境特征，ε_i 为随机扰动项。

2. 变量说明与测量

（1）因变量。模型中的因变量为企业质量安全可追溯行为的运作绩效，运作绩效利用各公因子得分计算，具体计算方法为公因子 1＋公因子 2－公因子 3，所得为运作绩效净值。

（2）自变量。业务链长度。业务链长度的测量可以使用企业业务类型来测量，仅从事代宰业务的企业业务链最短，从事猪肉制品加工的企业业务链最长，从事其他业务的企业的业务链介于其中，并相应以 1～4 进行赋值。

战略。采用主观评价测量企业决策者对“质量安全可追溯是企业战略”的认同情况，“1”表示不认同，“5”表示非常认同，“2、3、4”居于其中①。

品牌。测量与第 4 章一致。

信任。测量与第 4 章一致。

决策者食品安全意识。由于决策者食品安全意识直接测量较为复杂，且影响因素众多，根据前人理论和实证研究，个体食品安全意识随人力资本呈现正向变化，而人力资本中最重要的是受教育程度（Caswell，1998），因此受教育程度能较好体现个体食品安全意识，故作为代理变量进行测量。对受访者的受教育程度可直接调查，在计量时进行有序赋值，“1”表示初中及以下，“2”表示高中或中专，“3”表示大专，“4”表示大学或本科，“5”表示研究生及以上。

控制力。企业对上下游组织的控制力随上下游组织的类型、交易频率和交易方式等客观因素的不同而不同（Williamson，1985；Hobbs，1998；Golan，2004；赵敏，2007；Li 和 Lin，2008），与第 5 章不确定性所包含的内容一致，进一步分析表明，与上下游组织交易的不确定性越大，控制力就越弱，测量同第 5 章对不确定性，计量时进行反向编码，以调整符号。

企业资质。测量与第 4 章一致。

企业规模。根据质量安全可追溯特点，企业规模利用生产过程中加工物的数量来测量，然后根据具体数量进行有序赋值。从事待宰、冷冻肉或冷鲜肉业务的企业，利用所加工活体猪的数量来赋值，从事猪肉制品加工业务的企业，规模利用原

① 实地调研中，绝大多数企业都没有非常明确的战略，因此本研究借助企业负责人的主观评价来反映其对质量安全可追溯重视的相对程度。Li 和 Lin（2008）的研究也使用了同样的测量方法。

料肉重量折算成活体猪的数量来赋值。赋值规则为：小于等于1万头＝1，1万～5万头＝2，5万～10万头＝3，10万～30万头＝4，30万头以上＝5[①]。

认证。测量与第4章一致。

信息化程度。测量与第4章一致。

追溯行为水平。测量与第4章一致。

政府管制。政府管制对运作绩效的影响一般通过企业感知而实现（孙世民等，2011），因而采用主观评价测量，与第4章一致。

消费者需求。原理同政府管制，测量方法与第4章一致。

产业集中度。产业集中度体现为目标市场上竞争对手数量（王俊豪，2005），借助《2010年猪肉产业发展报告》和产业专家建议，产业集中度划分为三个层次，目标市场竞争对手数小于等于3，产业集中度较高，目标市场竞争对手在3家至6家之间，产业集中度中等，目标市场竞争对手在6家以上，产业集中度较低，计量分析中，对这三类产业集中度水平分别赋值为1、2、3。

产业政策。企业作为产业政策的受众，产业政策执行对运作绩效的作用也受制于其感知，故采用企业决策者主观评价测量，采用李克特量表让受访者对产业政策执行情况进行评价，“1”表示产业政策执行得非常差，“5”表示产业政策执行得非常好，“2、3、4”介于其中。

变量的含义、性质、取值范围及取值含义汇总如表5.10所示。

---

① 划分标准由产业专家建议并结合样本企业实际情况得出。

表 5.10　变量设定情况

变量名称	变量含义	性质	取值	取值含义
业务链长度	企业的业务链长度情况	刻度变量	1，2，3，4	1＝代宰；2＝冷冻肉；3＝冷鲜肉；4＝猪肉制品。若企业只从事猪肉制品业务，则取值为 2
战略	质量安全追溯成为企业战略情况	刻度变量	1，2，3，4，5	1＝表示非常不认同；5＝表示非常认同；2、3、4 居于其中
品牌	企业产品的品牌情况	刻度变量	0，1，2，3，4	0＝无品牌；1＝有品牌，但未取得任何等级；2＝市县级名牌；3＝省级名牌；4＝国家级名牌
信任	企业与上下游组织间的信任情况	刻度变量	1，2，3，4，5，6，7	1＝非常不信任；7＝非常信任；2、3、4、5、6 居于其中
受教育程度	代理测量企业决策者的食品安全意识情况	刻度变量	1，2，3，4，5	“1”表示初中及以下；“2”表示高中或中专；“3”表示大专；“4”表示大学或本科；“5”表示研究生及以上。受教育程度越高，食品安全意识越长
控制力	企业对上下游组织的控制力情况	刻度变量	1～∞	随着数值的增加而减小

（续）

变量名称	变量含义	性质	取值	取值含义
资质	企业所获取的资质情况	刻度变量	0，1，2，3，4	0＝缺失、无任何资质；1＝其他资质；2＝市级龙头企业；3＝省级龙头企业；4＝国家级龙头企业
规模	企业规模情况	刻度变量	1，2，3，4，5	1万头以下＝1；1万～5万头＝2；5万～10万头＝3；10万～30万头＝4；30万头以上＝5
认证	企业质量安全认证体系建设情况	刻度变量	1，2，3，4	1＝QS、GAP、GMP、SSOP、OHSAS、无公害产品认证中任意一项或几项；2＝ISO系列；3＝绿色产品认证；4＝有机产品认证、HACCP中的一项或几项。若有交叉，取最高值
信息化	企业的信息系统建设情况	刻度变量	1，2，3，4，5	1＝纸质记录；2＝条形码、仓储管理系统、经销存系统；3＝企业资源计划ERP；4＝射频技术；5＝基因追溯技术

（续）

变量名称	变量含义	性质	取值	取值含义
追溯行为	企业质量安全追溯行为水平	刻度变量	0，1，2	较低＝0；一般＝1；较高＝2
政府管制	企业所感知到的政府对猪肉安全的监管情况	刻度变量	1，2，3，4，5，6，7	非常弱＝1；非常强＝7；其他介于其间
消费者需求	企业所感知到的消费者对猪肉质量安全的需求情况	刻度变量	1，2，3，4，5，6，7	非常弱＝1；非常强＝7；其他介于其间
产业集中度	目标市场上的竞争对手数	刻度变量	0，1，2	3个及以下竞争对手＝0；3～6个竞争对手＝1；6个以上竞争对手＝2
产业政策	企业感知到与质量安全追溯有关的产业政策的执行情况	刻度变量	1，2，3，4，5	非常差＝1；非常好＝5；其他介于其中

5.2.4　变量描述性统计

变量的均值、标准差如表5.11所示。

表5.11　变量的描述性统计结果

变量名称	样本数	均值	标准差
运作绩效*	143	—	—

（续）

变量名称	样本数	均值	标准差
业务链长度	143	1.61	0.61
战略	143	3.00	1.35
品牌	143	0.77	1.21
信任	143	2.55	1.24
受教育程度	143	2.10	0.88
控制力**	143	6.63	1.72
资质	143	0.95	1.22
规模	143	2.59	1.27
认证	143	1.47	1.31
信息化	143	1.10	1.25
追溯行为	143	0.92	0.75
政府管制	143	5.88	1.52
消费者需求	143	4.88	1.90
产业集中度	143	0.92	0.72
产业政策	143	2.35	1.22

注：* 运作绩效采用的是标准化后的数据，故均值和标准差不显示。

** 利用上游供应商的不确定性和下游顾客的不确定性数据的算术平均值作为控制力数据。

5.2.5 计量分析与结果

1. 方差分析

为使研究更合理，有必要对样本企业质量安全追溯行为运作绩效均值间的差异进行检验，应用单因素方差分析法进行检验。方差分析步骤大致为：首先进行方差齐性检验（Test of Homogeneity of Variances），若齐次性检验的 p 值大于 0.05，则说明子样本数据具有方差齐次性，应读取“假设方差齐”中 TUKEY（Tukey's Honestly Significant Difference）检验的结果；若齐次性检验结果的 p 值小于 0.05，则说明子样本数据不具有方差齐性，应该读取“假设方差不齐”中 Tamhane's T2 检验的结果。各变量的方差分析情况如下：

“业务链长度”和“运作绩效”的方差分析。方差齐性检验统计值为 5.545，在当前自由度下对应的 p 值等于 0.005，小于 0.05，说明子样本数据之间不具有方差齐性，应用 Tamhane's T2 法对不同业务链长度企业“运作绩效”的均值进行检验。结果显示，不同业务链长度的组别在运作绩效上未显示出差异，p 值均大于 0.05，说明“业务链长度”对“运作绩效”不具有影响。

“战略”和“运作绩效”的方差分析。方差齐性检验统计值为 1.342，在当前自由度下对应的 p 值等于 0.261，大于 0.05，说明子样本数据间不具有方差齐性，应用 TUKEY 法对不同企业“运作绩效”的均值进行检验。结果显示，“战略”对“运作绩效”有显著影响。进一步，“质量安全追溯行为成为企业战略”表示非常不认同、不认同和一般的企业运作绩效未显示出差异，对应的 p 值均大于 0.05，“质量安全追溯行为成为企业战略”表示认同和非常不认同的企业运作绩效也未显示出差异，对应的 p 值均大于 0.05，而上述两类企业间运作绩效的比较则显示出显著差异，对应的 p 值均大于 0.05。因此，在回归分析中，可将非常不认同、不认同和一般的企业归为一组，而认同和非常认同归为另一组。

“品牌”和“运作绩效”的方差分析。方差齐性检验统计值为 3.857，在当前自由度下对应的 p 值等于 0.006，小于

0.05，说明不同层次品牌的子样本数据间不具有方差齐性，应用 Tamhane's T2 法对不同层次品牌的企业“运作绩效”均值进行检验。结果显示，不同层次品牌的组别在运作绩效上显示出显著差异，p 值均小于 0.05，说明“品牌”对“运作绩效”存在显著影响。

“信任”和“运作绩效”的方差分析。方差齐性检验统计值为 1.925，在当前自由度下对应的 p 值等于 0.013，小于 0.05，说明不同信任度的子样本数据间不具有方差齐性，应用 Tamhane's T2 法对不同信任度的企业“运作绩效”均值进行检验。结果显示，不同层次品牌的组别在运作绩效上显示出显著差异，p 值均小于 0.05，说明“信任”对“运作绩效”存在显著影响。

“受教育程度”和“运作绩效”的方差分析。方差齐性检验统计值为 0.993，在当前自由度下对应的 p 值等于 0.400，大于 0.05，说明不同受教育程度的子样本数据间不具有方差齐性，应用 TUKEY 法对不同企业“运作绩效”均值进行检验。结果显示，“受教育程度”对“运作绩效”有显著影响。进一步，决策者受教育程度在初中及以下、高中或中专的企业与决策者受教育程度在其他水平的企业，运作绩效存在显著差异，对应的 p 值均小于 0.05，决策者受教育程度在大专和大学或本科的企业的运作绩效差异不显著，对应的 p 值均大于 0.05。在回归分析中，可将受教育程度在大专和大学或本科归为一组。

“控制力”和“运作绩效”的方差分析。方差齐性检验统计值为 1.364，在当前自由度下对应的 p 值等于 0.253，大于 0.05，说明不同控制力的子样本数据间具有方差齐性，应用

TUKEY法对不同控制力的企业“运作绩效”均值进行检验。结果显示，不同控制力的组别在运作绩效上显示出显著差异，p值均小于0.05，说明“控制力”对“运作绩效”存在显著影响。

“资质”和“运作绩效”的方差分析。方差齐性检验统计值为4.345，在当前自由度下对应的p值等于0.003，小于0.05，说明不同信任度的子样本数据间不具有方差齐性，应用Tamhane's T2法对不同资质企业“运作绩效”均值进行检验。结果显示，不同层次品牌的组别在运作绩效上未显示出显著差异，p值均大于0.05，说明“资质”对“运作绩效”的影响不显著。

“规模”和“运作绩效”的方差分析。方差齐性检验统计值为1.560，在当前自由度下对应的p值等于0.000，小于0.05，说明不同规模的子样本数据间不具有方差齐性，应用Tamhane's T2法对不同规模企业“运作绩效”均值进行检验。结果显示，不同规模的组别在运作绩效上未显示出差异，p值均大于0.05，说明“企业规模”对“运作绩效”的影响不显著。

“认证”和“运作绩效”的方差分析。方差齐性检验统计值为2.894，在当前自由度下对应的p值等于0.026，小于0.05，说明取得不同层次认证的子样本数据间不具有方差齐性，应用Tamhane's T2法对取得不同层次认证企业“运作绩效”的均值进行检验。结果显示，取得不同层次认证的组别在运作绩效上未显示出差异，p值均大于0.05，说明“认证”对“运作绩效”的影响不显著。

“信息化”和“运作绩效”的方差分析。方差齐性检验统计值为4.014，在当前自由度下对应p值等于0.005，小于

0.05，说明取得不同信息化水平的子样本数据间不具有方差齐性，应用 Tamhane's T2 法对取得不同信息化水平企业“运作绩效”均值进行检验。结果显示，不同信息化水平的组别在运作绩效上显示出差异，p 值均小于 0.05，说明“信息化”对“运作绩效”有显著影响。

“追溯行为”和“运作绩效”的方差分析。方差齐性检验统计值为 6.099，在当前自由度下对应 p 值等于 0.003，小于 0.05，说明不同追溯行为水平的子样本数据间不具有方差齐性，应用 Tamhane's T2 法对不同追溯行为水平企业“运作绩效”均值进行检验。结果显示，不同追溯行为水平组别在运作绩效上未显示出差异，p 值均大于 0.05，说明“追溯行为”对“运作绩效”影响不显著。

“政府管制”和“运作绩效”的方差分析。方差齐性检验统计值为 6.409，在当前自由度下对应 p 值等于 0.000，小于 0.05，说明不同政府管制感知度的子样本数据间不具有方差齐性，应用 Tamhane's T2 法对不同政府管制感知度企业“运作绩效”均值进行检验。结果显示，不同政府管制感知度组别在运作绩效上未显示出差异，p 值均大于 0.05，说明“政府管制”对“运作绩效”影响不显著。

“消费者需求”和“运作绩效”的方差分析。方差齐性检验统计值为 5.017，在当前自由度下对应 p 值等于 0.000，小于 0.05，说明不同消费者需求感知度子样本数据间不具有方差齐性，应用 Tamhane's T2 法对不同消费者需求感知度企业“运作绩效”均值进行检验。结果显示，不同消费者需求感知组别在运作绩效上未显示出差异，p 值均大于 0.05，说明“消费者需求”对“运作绩效”影响不显著。

"产业集中度"和"运作绩效"的方差分析。方差齐性检验统计值为1.049，在当前自由度下对应的p值等于0.354，大于0.05，说明面临不同产业集中度子样本数据间具有方差齐性，应用TUKEY法对面临不同产业集中度企业"运作绩效"均值进行检验。结果显示，不同产业集中度组别在运作绩效上显示出差异，p值均小于0.05，说明"产业集中度"对"运作绩效"有显著影响。

"产业政策"和"运作绩效"的方差分析。方差齐性检验统计值为1.358，在当前自由度下对应p值等于0.255，大于0.05，说明不同产业政策执行力感知子样本数据间具有方差齐性，应用TUKEY法对不同产业政策执行力感知企业"运作绩效"均值进行检验。结果显示，不同产业政策执行感知组别在运作绩效上显示出差异，p值均小于0.05，说明"产业政策"对"运作绩效"有显著影响。

方差分析结果对假设检验情况如下：

①假设一未得到支持，可能的原因是，样本企业业务链普遍较短，一般只从事一到两种业务，对成本支出影响有限。

②假设七未得到支出，可能的原因是，由于近年来许多具有高水平资质的企业食品安全事件频发，消费者对资质所涵盖的质量安全特征不信任，影响了质量安全可追溯对企业资质的证明作用，阻碍了市场实现。

③假设八未得到支持，可能的原因是，企业质量安全可追溯行为成本支出很难与其他生产经营成本区分开，规模经济性很难被察觉。

④假设九未得到支持，可能的原因是，一方面消费者对企业认证不信任；另一方面，样本企业所获得认证普遍较为低

端，对成本支出的节约极为有限。

⑤假设十一未得到支持，可能的原因是，样本企业质量安全追溯行为水平普遍较低，成本支出差异不明显。

⑥假设十二未得到支持，可能的原因是，一方面，我国政府食品安全监管资源有限，监管模式落后，企业实际遭受的监管强度较弱，市场失灵导致问题产品被查处概率极低，企业投机心理严重，质量安全可追溯无法通过产品实现和供应链管理获取收益；另一方面，对于猪肉质量安全监管大都集中于瘦肉精等养殖环节的问题，较少关注屠宰加工环节，因而出现食品安全问题时，企业可较为轻易的将责任转移给上游，质量安全可追溯很难在内部运营上获取收益。

⑦假设十三未得到支持，可能的原因是，食品安全具有经验品特征，消费者对问题产品的事前鉴别和事后追究存在很大困难，质量安全可追溯作为企业证明产品安全性的手段，在信誉与市场失灵的情况下，很难通过产品实现获取收益，与第 4 章的结果一致。另一方面，我国消费者对质量安全可追溯制度普遍缺乏了解，对含有可追溯特征产品不愿支付更高价格。

除以上假设外，其余假设均获得支持。假设检验表明，政府管制和消费者需求等外部环境因素的影响较不显著，而产业结构和政策等外部环境因素的影响较显著，说明运作绩效较多受产业环境的影响；内部环境因素中，由于市场认同等原因，业务链长度、企业资质、认证、规模和追溯行为水平等对运作绩效的影响较不显著，而品牌、战略、信任、决策者意识、控制力和信息化等可能对运作绩效的影响显著。

2. 回归分析

根据方差分析，剔除显著性水平不高的影响因素，将“战略”“品牌”“信任”“决策者意识”“控制力”“信息化”“产业集中度”和“产业政策”8 个影响因素纳入回归模型，为尽可能减少变量间的多重共线性，在回归分析之前，对纳入模型的变量做中心化处理，线性回归分析的结果如表 5.12 所示。

表 5.12　线性回归结果

模型	非标准化系数		标准化系数	t 值	Sig 值
	系数	标准误	系数		
常数项	0.542	0.285		1.900	0.061
决策者意识	0.433	0.151	0.212	2.876	0.005
品牌	−0.228	0.127	−0.159	−1.795	0.076
信息化	0.009	0.116	0.007	0.078	0.938
信任	−0.226	0.116	−0.163	−1.958	0.053
战略	0.227	0.122	0.176	1.865	0.066
控制力	0.190	0.081	0.156	2.347	0.021
产业集中度	0.706	0.169	0.294	4.179	0.000
产业政策	0.538	0.122	0.379	4.409	0.000
模型整体检验					
方差分析（F 值）		35.433			0.000
R^2 值		0.765			
调整的 R^2 值		0.744			

从表 5.12 所示的线性回归结果可以看出，方差分析的显著性概率为 0.000，小于 0.001；调整后的 R^2 值为 0.744，说明进入线性回归方程自变量解释了因变量的 74.4%，拟合情况情况良好；在 0.1 置信水平下，决策者意识、品牌、信任、战略、控制力、产业集中度和产业政策 7 个变量进入了模型，而信息化没有进入模型。模型对假设的检验情况如下：

①模型中企业决策者受教育程度对运作绩效的影响显著且为正，说明决策者意识正向影响运作绩效的关系成立，支持了假设五。

②模型中品牌对运作绩效的影响显著且为负，说明品牌层次越高，运作绩效越低下，拒绝假设三。可能原因是，企业品牌从无到有，产品所具有的可追溯特征由于品牌而更容易被消费者识别和认同，因而质量安全追溯的运作绩效得到增强。随着品牌层次上升，质量安全可追溯对品牌内涵的证实效力逐渐弱化，加上近年来许多知名品牌频发食品安全事件，在市场上产生了信任危机，阻碍了质量安全可追溯对产品市场实现的促进作用，因而品牌对运作绩效的总体影响显著但为负向。

③模型中信息化对运作绩效的影响不显著，拒绝假设十。可能的原因是，我国猪肉加工企业整体信息化水平较低，对运作绩效的影响力极为有限，描述性统计也对此予以证实。

④模型中信任对运作绩效的影响显著且为负，明确了假设四中的关系。这一结果说明，样本企业与上下游组织信任度已达到一定水平，较之于节约成本，质量安全可追溯更多的是打破既定供应链模式，引起成本支出的增加，因而随着信任度增加，运作绩效显现下行趋势。

⑤模型中战略对运作绩效的影响显著且为正，说明战略正向影响运作绩效关系成立，支持假设二。

⑥模型中控制力对运作绩效的影响显著且为正，明确了假设六中的关系。这一结果说明，控制力更多带来了成本支出的减少，因而随着控制力增加，运作绩效显现上行趋势。

⑦模型中产业集中度对运作绩效影响显著且为正，说明产

业集中度负向影响运作绩效，支持假设十四[①]。

⑧模型中产业政策对运作绩效影响显著且为正，说明产业政策执行情况正向影响运作绩效，支持假设十五。

进一步地，在进入模型的变量中，产业政策对运作绩效的正向影响最大，其次为受教育程度、战略和控制力，说明运作绩效的增进主要取决于政府对企业建立质量安全可追溯的政策支持，同时企业决策者自身的食品安全意识也起到了相当大的作用，这与质量安全可追溯在我国猪肉产业中还未强制实行有关，因此其实施与否，绩效如何与企业决策者本身的禀赋息息相关。而企业运营过程中的一些特征因素（如追溯成为战略手段），与能力有关的因素（如企业对上下游组织的控制力）对运作绩效也起到了一定的作用。产业集中度对运作绩效的负向影响最大，其次为品牌和信任，说明运作绩效的削弱主要决定于企业在目标市场上的竞争地位，而品牌和信任对运作绩效的负向影响则主要出于市场认同等原因，但两者对运作绩效的影响机理却显示出差异。信息化程度由于普遍较低则未对运作绩效产生任何实质性影响。

5.3　本章小结

本章利用成本收益分析并借鉴国外研究和产业专家建议，构建出猪肉加工企业质量安全可追溯运作绩效的指标体系。调查数据的描述性统计显示，我国猪肉加工企业质量安全可追溯运作绩效总体处于较低水平；因子分析和聚类分析识别出猪肉

① 产业集中度的测量采用了反向编码，即产业集中度越高，编码越小。

加工企业质量安全可追溯运作绩效的三种模式，即供应链改善型绩效模式、市场实现型绩效模式和匮乏型绩效模式，大多数猪肉加工企业的质量安全可追溯运作绩效模式仍属匮乏型。借助管理学“绩效”理论和交易费用产业经济学理论的推导发现，猪肉加工企业质量安全可追溯运作绩效受到企业内外部环境因素的影响，方差分析和线性回归分析的结果显示，在0.1置信水平下，企业内外部环境因素中的产业政策执行情况、企业决策者食品安全意识、质量安全成为企业战略的情况和企业对上下游组织的控制力对运作绩效起到了显著正向影响；而产业集中度、品牌水平和信任水平对运作绩效则起到了显著的负向影响。

第 6 章　猪肉加工企业质量安全可追溯的后向控制绩效研究[①]

正如第 2 章中研究综述所体现的，当前国外学者对质量安全可追溯后向控制绩效的研究较多通过委托代理模型展开，并结合技术数据进行实证，取得了富有价值的成果。而国内学者基本未涉及此类研究。基于国内外研究现状和质量安全可追溯后向控制绩效的重要性，本章在对样本企业质量安全可追溯后向控制绩效描述的基础上，以生猪养殖中最常见疫病——猪瘟的疫苗控制为例，构建猪肉加工企业和生猪养殖户间质量安全交易的委托代理模型，利用技术数据实证分析猪肉加工企业利用质量安全可追溯后向控制生猪养殖户质量安全行为的过程和绩效，并揭示后向控制绩效的影响因素。

6.1　样本企业后向控制绩效的总体描述

样本企业基本情况的描述性统计已在 1.7.2 部分做详细说明，此处仅对样本企业质量安全可追溯后向控制绩效的整体情况作总体描述，如表 6.1 所示。

---

① 本章的主体部分曾以《猪肉加工企业质量安全可追溯系统后向控制绩效研究》为题发表于《农业经济问题》2012 年第 3 期，第 84～91 页。

表 6.1　样本企业后向控制绩效的总体情况

问　题	选　项	浙　江		江　西	
		数量	比例	数量	比例
是否有过在食品安全事件发生时通过质量安全可追溯减少或消除责任的经历	是	53	78.9	60	80
	否	15	21.1	15	20
企业实施质量安全可追溯后，原料的质量安全状况改善的情况	没有任何改善	39	57.3	47	62.7
	有一定改善，但不显著	21	30.9	25	33.3
	有显著改善	8	11.8	3	4
企业实施的质量安全可追溯对上游供应商质量安全控制行为的影响情况	无任何影响	42	61.8	53	70.7
	有一定影响，但不显著	23	33.8	21	28
	有显著影响	3	4.4	1	1.3
企业是否根据质量安全可追溯的结果对不同质量安全水平的投入品支付不同价格	是	12	17.6	7	9.3
	否	56	82.4	68	90.7
企业认为影响质量安全可追溯后向控制绩效的因素（均值排在前三位）*				均值	
	政府监管			8.95	
	上游供应商特征			7.34	
	质量安全可追溯成本			6.83	

注：* 利用李克特量表，让受访企业和产业专家打分。

资料来源：根据调查问卷整理。

从表 6.1 可以看出，在样本企业中，尽管绝大多数企业都有过利用质量安全可追溯在食品安全事件发生时减少或消除责任的经历，但却没有真正意识到质量安全可追溯在控制上游供应商质量安全行为上所形成的绩效，从浙江和江西的横向比较看，江西的情况更为明显。两省的猪肉加工企业中，只有极少数规模较大的肉类联合加工企业利用质量安全可追溯监督投入品的质量安全，并利用对不同质量安全水平投入品的差别价格支付来激励上游供应商的质量安全行为。此外，企业普遍感知到其质量安全可追溯后向控制绩效主要受政府监管，上游供应商特征和质量安全可追溯成本的影响，由此可见，外部环境因素占据主导。

6.2　后向控制绩效分析：基于技术数据的实证

6.2.1　模型构建及参数设置

1. 模型构建

国外学者对质量安全可追溯后向控制绩效的研究，较多通过构建食品生产组织间的委托代理模型展开，并取得了有价值的结论，表明这一研究方法在实践中是有效的。本章研究将继承国外学者这一研究范式，但需结合我国生猪产业发展现状[①]，对前人的委托代理模型进行合理吸收和改进，使之更符合我国实际。猪肉加工企业和生猪养殖户间质量安全交易的委托代理模型如下：

假设猪肉加工企业（委托人，以下简称企业）从众多同质化生猪养殖户（代理人，以下简称养殖户）那里购买生猪。在交易发生前，养殖户通过注射不同疫苗来控制猪瘟，不同疫苗有不同免疫效果，企业生产过程中，发现猪瘟将进行无害化处

① 我国生猪产业发展现状来源于笔者 2010 年 7 月至 2011 年 3 月间查阅相关资料和对部分产业专家的访谈。

理，由此会对企业造成损失，其概率将随养殖户使用疫苗的不同而变化。为简化起见，我们将养殖户猪瘟疫苗控制行为 α_i 分为两类，即 A＝［猪瘟细胞苗或组织苗（α_1），猪瘟脾淋苗（α_2）］，利用猪瘟细胞苗或组织苗（α_1）进行猪瘟防控，疫苗活性低，猪瘟发病率较高，而利用猪瘟脾淋苗（α_2）进行猪瘟防控，疫苗活性高，猪瘟发病率较低（毛文杰，陈宁和曲健等，2010），根据国家相关法律[①]，养殖户必须采取猪瘟疫苗防控措施。企业与养殖户进行交易时，由于信息不对称，企业不知道养殖户采用何种疫苗进行猪瘟防疫。

质量安全追溯采用身份登记等方法，如条形码、RFID 技术等，在生产对象（猪肉或制品等）和养殖户间建立对应关系，发生质量安全问题时，可及时、有效地查找源头。质量安全可追溯的运行将受到硬件、软件、兼容性、物流方式等因素影响，不可能实现完全追溯，存在一定成功率 t，即在生产过程中或生产结束以后，通过产品追溯到源头的可能性，根据国内外许多学者在研究中对追溯成功率的研究，结合我国猪肉质量安全可追溯建设的实际，我们将模型中的追溯成功率设为：$t \in T=(38.9\%, 43.7\%, 48.5\%)$[②]。

① 《中华人民共和国动物防疫法》第十三条规定：国家对严重危害养殖业生产和人体健康的动物疫病实施强制免疫。

② 由于国内文献缺乏相关研究，此处追溯成功率由德尔菲法获得，笔者选取了中国农业大学、南京农业大学和浙江工商大学食品学院的 10 位从事猪肉食品安全和追溯系统建设研究和咨询的专家，将 Basarab，Milligan 和 Thorlakson（1997）在研究中采用的（38.9%，43.7%，95%）三个追溯成功率独立发给专家征询意见和调整方案，专家之间彼此不沟通，通过三轮总结和反馈，最终确定（38.9%，43.7%，48.5%）为当前我国猪肉质量安全追溯系统成功率的大致范围。

养殖户防控行为会引起企业损失，企业为此建立质量安全可追溯，完全信息下，两者间的两阶段顺序博弈将按图6.1所示展开

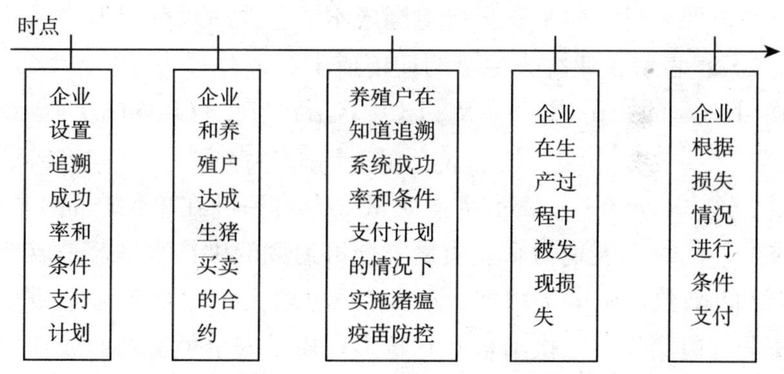

图6.1　企业—养殖户的博弈时点

（1）企业成本最小化函数。我们首先定义猪瘟疫苗防控行为给企业造成损失的概率，用 $P_{l,j}$ 表示，其中 l 代表企业质量安全可追溯的执行情况，$l=0$，表示质量安全可追溯不起作用，$l=1$ 表示质量安全可追溯起作用，企业只有在质量安全可追溯起作用时才能识别养殖户的责任；j 表示猪瘟出现与否的状况，$j=0$ 表示猪瘟未出现；$j=1$ 表示猪瘟出现。例如 $P_{1,0}$ 表示质量安全可追溯起作用，猪瘟未出现的概率；同理，如果质量安全可追溯起作用，猪瘟出现的概率为 $P_{1,1}$。P_{0*} 表示质量安全可追溯不起作用时，无论猪瘟出现与否的总概率，因此，$P_{0*}=(1-t)$。

企业将根据投入品的质量安全状况进行有差别支付，用 $I_{l,j}$ 表示。当 $l=0$ 时，I_{0*} 表示质量安全可追溯不起作用，无论猪瘟是否发生，企业对养殖户的支付；当 $l=1$ 时，质量安全

可追溯起作用，企业按照其所观察到猪瘟发生情况，向养殖户支付一个调整过的 $I_{l,j}$。

企业希望成本最小化。目标函数（6.1）包含企业向养殖户的条件支付、质量安全可追溯成本、企业所承受损失。函数 E（·）表示企业每头生猪的期望成本：

$$E(t, I_{0*}\cdots\cdots I_{1,1})=P_{0*}I_{0*}+P_{0,1}c_1+P_{1,0}(I_{1,0}+c_0)+P_{1,1}(I_{1,1}+c_1)+g(t) \quad (6.1)$$

这里，g（·）表示企业质量安全可追溯在单位产品上的成本，同时也表现为企业质量安全可追溯的供给水平，是成功率 t 的函数，随着 t 增加，g（·）也增大，即企业对于质量安全可追溯投资（供给水平）越多，质量安全可追溯的成功率就越高，反之亦然。c_i 表示猪瘟发生对企业造成损失，c_0 表示猪瘟未发生时企业损失，显然 $c_0=0$；c_1 表示猪瘟发生时企业损失，显然 $c_1 \geqslant 0$。

（2）养殖户期望效用函数。养殖户的期望效用函数按照 Grossman 和 Hart（1983）所提出的形式进行构建，国内外许多经济学实证文献均利用其进行效用函数显化，并一致认同了其在实证研究中的有效性。本研究中养殖户的期望效用函数可表示如下：

$$U(I_{l,j}, \alpha_i)=k(\alpha_i)u(I_{l,j})-d(\alpha_i) \quad (6.2)$$

为简化计算，采用 Mas-Collel、Whinston 和 Green（1996）对效用函数的定义，即 U（·）为冯·诺依曼—摩根斯坦（Von Neumann-Morgenstern）效用函数，u（·）为伯努利（Bernoulli）效用函数。

利用等式（6.2）和以上设定，在（α_i）和（$I_{l,j}$）下，每头生猪所带来的期望效用可以表示为：

$$U(\alpha_i \mid t, I_{0*} \cdots\cdots I_{1,1}) = k(\alpha_i)[P_{0*}u(I_{0*}) + P_{1,0}u(I_{1,0}) + P_{1,1}u(I_{1,1})] - d(\alpha_i) \quad \forall \alpha_i \in A \tag{6.3}$$

根据 Grossman 和 Hart（1983），我们利用可分离效用函数形式来简化数学运算，设 $k(\alpha_i) = e^{kc*}$，$u(I_{l,j}) = -e^{-kI_{l,j}}$，且 $d(\alpha_i)=0$，那么等式（6.2）可改写为：

$$U(I_{l,j}, \alpha_i) = -e^{-k(I_{l,j}-c_\alpha)} \quad k>0 \tag{6.4}$$

这里，k 为养殖户固定风险规避系数，c_α 为养殖户行为 $\alpha_i \in A$ 的成本。

将等式（6.2）调整为与等式（6.4）类似的形式，方便将养殖户的行为（α_i）所付出的成本（c_α）表示成一种负收入，根据 Haubrich（1994），固定风险规避系数的效用函数方便最终求解，并可以通过缩放 k 值来研究其影响。

按照 Grossman 和 Hart（1983）的框架，质量安全可追溯存在时，企业和养殖户之间博弈将通过一个两阶段数学最优化来解决。第一阶段，针对每一类 $\alpha_i \in A$ 和 $t \in T$ 的组合，求解规划（6.5）；第二阶段则是在第一阶段结果中选择最低期望效用和相应参数（t，$I_{0*} \cdots\cdots I_{1,1}$）：

$$\min_{I_{0*}, \cdots, I_{1,1}} E(I_{0*} \cdots\cdots I_{1,1} \mid \alpha_i, t) \tag{6.5a}$$

Subject to

$$U(\alpha_i \mid t, I_{0*} \cdots\cdots I_{1,1}) \tag{6.5b}$$

$$U(\alpha_i \mid t, I_{0*} \cdots\cdots I_{1,1}) \geqslant k(\alpha_{-i})[P_{0*}u(I_{0*}) + P_{1,0}u(I_{1,0}) + P_{1,1}u(I_{1,1})] - d(\alpha_{-i}) \quad \forall_{\alpha_{-i}} \in A 且 \alpha_{-i} \neq \alpha_i \tag{6.5c}$$

这里 $U(\alpha_i \mid t, I_{0*} \cdots\cdots I_{1,1})$，被设置为等式（6.3）的形式，$\overline{U}$ 表示代理人的保留效用，其值用现货市场价格来表示。$P_{l,j}$ 表示给定猪瘟疫苗防控行为 α_i 下猪瘟发生概率，而 $P_{l,j}$ 则

表示异于行为 α_i 的 α_{-i} 下猪瘟发生概率。

根据委托代理理论，规划（6.5）中，（6.5b）表示理性或参与约束（Rationality or Participation Constraint），而（6.5c）表示激励相容约束（Incentive Compatibility Constraint）。所有约束条件都被设置为规定形式，便于规划方程的求解。

2. 参数设置

（1）猪瘟疫苗防控成本。猪瘟疫苗防控成本来源于产业调研和对地方畜牧兽医部门相关政策收集和整理，当前猪瘟防控中通常使用两类疫苗，即细胞苗、组织苗和脾淋苗，根据畜牧兽医部门对猪瘟防控规定，细胞苗和组织苗一般由地方畜牧兽医部门统一采购并免费向养殖户发放，而脾淋苗情况较复杂，部分区域由畜牧兽医部门免费提供，部分区域则由养殖户购买[①]，综合各地不同做法及养殖户疫病防控实践，以猪瘟细胞苗和组织苗为基准，$c_{\alpha_1}=0$，结合兽医专家建议，设定 $c_{\alpha_2}=0.15$[②]。

（2）不同疫苗防控下猪瘟发生概率。使用不同猪瘟疫苗进行接种，生猪体内产生猪瘟抗体强度也会不同，而抗体强度则决定了猪瘟的发病率。畜牧兽医专业的许多研究者对猪瘟组织苗、细胞苗和脾淋苗的防疫效果进行了研究。在本研究中，我们将引用毛文杰，陈宁和曲健等（2010）对以上三种疫苗的实验研究结果，并结合吕宗吉，李红卫和涂长春（2000）针对我国猪瘟流行病学的调查数据，得出不同疫苗防控下猪瘟发生概

① 免费发放的区域主要集中于四川、江西和江苏等省份，而浙江、广东等省份则需要养殖户自行购买。

② 根据兽医专家的建议，脾淋苗较组织苗和细胞苗在获取，注射接种等方面需要付出更多的成本，0.15 元/头是综合以上情况，又兽医专家评估出的一个平均数值。

率，如表 6.2 所示。

表 6.2　不同猪瘟疫苗防控下猪瘟发生概率

代理人行为	行为成本	猪瘟发生概率	猪瘟未发生概率
细胞苗或组织苗（α_1）	0	0.1149	0.7389
脾淋苗（α_2）	0.15	0.0992	0.7746

（3）养殖户保留效用及风险规避系数。养殖户保留效用是指其与未建立质量安全可追溯企业进行生猪交易所获取的市场价格。根据当前生猪市场状况，我国生猪出栏时平均重量为 110 千克/头[①]，现货市场交易的平均价格为 11.73 元/千克[②]，在零风险时，养殖户每头出栏生猪可以获取 1 290 元（11.73 元/千克×110 千克/头＝1 290 元/头）。一般而言，农户在使用新技术或新方法时，表现为风险规避，经济学上对于风险规避系数的研究非常复杂，农户在不同技术和市场环境下可表现为递减风险规避、固定风险规避、递增风险规避。为了简化计算，本研究使用 Resende-filho 和 Buhr（2008）处理类似问题所使用的固定风险规避系数，即 $k=0.75$[③]。

（4）猪瘟给企业造成损失。根据《生猪屠宰条例》和《生猪屠宰过程规范》规定“猪肉加工企业对患有猪瘟病猪必须进行无害化处理，地方财政给予一定补偿”。各地经济发展不一致，对于无害化处理的补偿标准也不同，本研究选取浙江省商

① 根据农业部畜牧兽医局发布的统计数据。

② 根据商务部公布的 2010 年各月生猪价格数据平均而得。

③ 采用这一规定风险规避系数实现征求过产业专家意见并得到认可，同时在实地调研过程中，借助国外相关研究，在调研区域选取典型养殖户进行风险规避系数的测量，结果与本研究所使用的数据大体一致。

务厅公布的补偿标准，即先按每头生猪 90 千克进行折算，然后按照每头 500 元进行补偿[①]，据此，一头 110 千克的生猪，无害化处理后企业所获得的补偿为 611 元/头，企业的损失为 $c_1=1\ 290-611=679$（元/头）。

（5）企业追溯成本。由于数据获取的困难，国内学者未对猪肉加工企业质量安全可追溯成本进行量化研究。因此，本文借鉴 Pape 等（2003）的研究成果，即日加工 800 头生猪的企业，追溯成功率在 38.9%时，每头生猪所分摊到的成本为 0.11 美元。另外，本文使用 Prendergast（1999）所提出的成本函数，在成功率 t 和单位追溯成本之间建立联系，成本函数表示为：

$$g\ (t)=\gamma t^2/2 \qquad (6.6)$$

$\gamma>0$ 并为常数。

将以上 Pape 等（2003）的数据代入等式（6.6）中，得出 $g(t)=0.727t^2$，其他成功率可代入上式求出各自追溯成本值[②]。

使用以上参数设置值，对规划（6.5）进行求解，规划（6.5）是非线性规划，为提高精确度，求解过程借助 Matlab7.0 软件帮助，编程解决以上问题。

6.2.2 结果估计与讨论

对猪肉加工企业质量安全可追溯后向控制绩效进行定量分析，首先需要求解不同条件下规划（6.5）的最优解，然后根

---

① 《转发财政部关于印发屠宰环节病害猪无害化处理财政补贴资金管理暂行办法的通知》（浙财企［2007］278 号）。

② 此处数据也是通过前述德尔菲法一并取得，从专家反馈意见来看，国外这一数据可用于对我国研究。同时这里还假定 1 美元和 1 人民币购买力相同。

据最优解计算出后向控制绩效值。不同条件包括信息状况和质量安全可追溯存在情况，具体分析如下：

1. 信息不对称且质量安全可追溯不存在时的最优解

信息不对称且质量安全可追溯不存在，企业无法有效对养殖户质量安全行为进行后向控制，只能以现货市场价格支付给养殖户，即 1 290 元/头，所有养殖户必然会采用细胞苗或组织苗进行猪瘟防控，因为行为成本为零，实施其他行为，成本得不到补偿，养殖户没有采取更有效防控行为的动机，此时，激励相容约束不起作用，参与约束取等号。将有关数据代入规划（6.5）中，企业期望成本是 1 368.02 元/头。

2. 信息不对称且质量安全可追溯存在时的最优解

信息不对称且质量安全可追溯存在时，将通过规划（6.5）来求最优解。为方便计算，有必要再追加两个新约束条件，如下所示：

$$I_{0*} \geqslant I_{1,1}；\ I_{1,0} \geqslant I_{0*} \quad (6.7)$$

（6.7）表明，企业质量安全可追溯不起作用时对养殖户条件支付大于质量安全可追溯起作用且发现猪瘟时的条件支付；企业质量安全可追溯起作用，但没有发现猪瘟时对养殖户的条件支付大于质量安全可追溯不起作用时的条件支付。

加入约束（6.7）后，规划（6.5）求解分两步进行，首先对行为和追溯成功率的不同组合进行求解，然后找出最优解。结果如表 6.3、表 6.4 和表 6.5。

表 6.3　委托代理博弈第一步结果

代理人行为	追溯系统成功率（%）	期望成本（E）（元/头）
细胞苗或组织苗	38.90	1 368.13

（续）

代理人行为	追溯系统成功率（%）	期望成本（E）（元/头）
脾淋苗	38.90	1 359.26*
细胞苗或组织苗	43.70	1 368.16
脾淋苗	43.70	1 359.29
细胞苗或组织苗	48.50	1 368.19
脾淋苗	48.50	1 359.66

表 6.4　委托代理博弈第一步计算中的各条件支付值

代理者行为	追溯成功率（%）	条件支付（元/头）		
		I_{0*}	$I_{1,1}$	$I_{1,0}$
细胞苗或组织苗	38.90	1 290.00	1 290.00	1 290.00
脾淋苗	38.90	1 292.00	1 286.20	1 292.10
细胞苗或组织苗	43.70	1 290.00	1 290.00	1 290.00
脾淋苗	43.70	1 292.00	1 286.30	1 292.10
细胞苗或组织苗	48.50	1 290.00	1 290.00	1 290.00
脾淋苗	48.50	1 292.40	1 286.90	1 292.40

表 6.5　委托代理博弈第一步计算中的各猪瘟发生概率值

代理者行为	追溯成功率（%）	概率（%）		
		P_{0*}	$P_{1,1}$	$P_{1,0}$
细胞苗或组织苗	38.90	61.10	4.47	34.43
脾淋苗	38.90	61.10	3.86	35.04
细胞苗或组织苗	43.70	56.30	5.02	38.68
脾淋苗	43.70	56.30	4.34	39.36
细胞苗或组织苗	48.50	51.50	5.57	42.93
脾淋苗	48.50	51.50	4.81	43.69

表6.3第三列显示了不同追溯成功率和行为组合下的最小期望成本，结果表明，最小期望成本中最低值为1 359.26元/头，所对应的组合是养殖户选择脾淋苗进行猪瘟防控，且企业追溯成功率为38.9%。将这一组合对应表6.4的条件支付，当企业质量安全可追溯不起作用时，无论猪瘟是否被发现，对养殖户的支付为1 292元/头；如果企业质量安全可追溯起作用且未发现猪瘟，对养殖户的支付为1 292.1元/头；如果企业质量安全可追溯起作用，且发现猪瘟，对养殖户的支付降为1 286.2元/头。以上条件支付表明，当质量安全可追溯起作用且发现猪瘟时，条件支付显示出对养殖户的惩罚，因为条件支付小于1 290元/头，而当质量安全可追溯不起作用，或者质量安全可追溯起作用且未发现猪瘟时，条件支付大于1 290元/头，存在价格溢出。

根据表6.5所示，在最优情况下，企业选择38.9%的追溯成功率，养殖户选择使用脾淋苗，I_{0*}＝1 292元/头，概率为61.1%，$I_{1,0}$＝1 292.1元/头，概率为35.04%，期望值为1 292.036元/头，这一期望值代表未发现猪瘟时，企业支付给养殖户的平均条件支付，相比较1 290元/头的现货市场价格，存在1 292.036－1 290＝2.036（元/头）的价格溢出，价格溢出促使养殖户采取更有效的猪瘟防控行为，达到后向控制目的，保证食品安全。在价格溢出中，0.15元/头补偿了养殖户使用脾淋苗进行猪瘟防控的成本，剩余1.886元/头，代表企业对养殖户更有效猪瘟防控行为的风险溢价。尽管各条件支付间的变化很小，但为使质量安全可追溯能有效实现后向控制，企业必须向养殖户支付风险溢价，而这一溢价超出脾淋苗接种成本约11.57倍，占据了价格溢出的绝大多数。

3. 猪肉加工企业质量安全追溯的后向控制绩效分析

前述分析表明，质量安全可追溯存在与否，企业最优期望效用将发生变化，这一变化来源于质量安全可追溯对养殖户质量安全行为的后向控制，体现了质量安全可追溯后向控制绩效。用 E_1 表示信息不对称且质量安全可追溯不存在时的最小期望效用，E_2 表示信息不对称且质量安全可追溯存在时的最小期望效用，E_2-E_3 则为质量安全可追溯的绩效值；最优解下，企业质量安全可追溯后向控制绩效值为 1 368.68－1 359.26＝8.76（元/头），根据委托代理理论，绩效分为两部分，一为信息不对称减轻所带来的收益，二为代理成本的减少。以日加工量为 1 000 头的中等规模企业来计，由质量安全可追溯后向控制绩效给企业带来的日收益为 8.76×1 000＝8 760（元），年收益可达 319 740 元；扩展到猪肉产业中生猪屠宰环节，2010 年我国规模以上屠宰企业全年屠宰量 22 752 万头[①]，质量安全可追溯给整个猪肉产业所带来的绩效收益可达到 20 亿。

根据以上不同情况下最优解和绩效的分析，我们可以看到：

（1）企业质量安全可追溯后向控制养殖户质量安全控制行为，必须结合合理的条件支付计划才能实现。

（2）信息不对称且质量安全可追溯存在时，最优解下的条件支付表现为，未发现猪瘟时的支付远高于现货市场价格，而发现猪瘟时的支付则略低于现货市场价格。未发现猪瘟时的平均支付中包含了价格溢出，用以补偿养殖户猪瘟防控的成本，

① 根据商务部网站发布的 2010 年每月规模以上生猪定点屠宰企业屠宰量加总而得。

同时也提供给养殖户实施更有效质量安全行为的风险溢价，风险溢价占据了价格溢出的绝大多数，是企业质量安全可追溯取得后向控制绩效的关键。

（3）信息不对称条件下，质量安全可追溯在获取最优绩效过程中，企业并非选择投资成功率最高的质量安全可追溯，而是平衡各类成本后，选择一个合理水平。

（4）质量安全可追溯后向控制绩效表现为信息不对称条件下，质量安全可追溯存在与不存在时，企业最优期望成本的差值。绩效来源于两方面，即信息不对称程度的减弱和代理成本的减少。

（5）在最优情况下，企业质量安全可追溯后向控制绩效无论是对单个企业，还是整个产业都相当可观，可有效节约企业由于产品质量安全所付出的成本。

6.3　后向控制绩效的影响因素分析

委托代理模型分析和求解过程表明，影响企业质量安全可追溯后向控制绩效的因素主要有：养殖户风险规避系数，养殖户质量安全行为对企业带来的损失，企业追溯系统成本，养殖户质量安全行为成本。我们利用灵敏度分析探究这些因素对于质量安全可追溯后向控制绩效的影响。根据灵敏度分析的原则①，

① 灵敏度分析是研究系统（模型）状态或输入变化对系统参数或周围条件变化敏感程度的方法。在最优化方法中经常利用灵敏度分析来研究原始数据不准确或发生变化时最优解的稳定性。通过灵敏度分析还可以决定哪些参数对系统或模型有较大的影响。输入变化通常根据模型随机确定，常规研究中输入变化设置为等距离，具体可参见 Resende-Filho 和 Buhr（2008）中的类似研究。

选择 8 个绝对风险规避系数来进行模型运算，即 $k\in$（0.1，0.125，0.25，0.375，0.5，0.625，0.75，0.875）；选择 10 个养殖环节带来损失的不同百分比，即 PLOF∈（0.33，0.4，0.43，0.5，0.6，0.7，0.8，0.9，0.95，1）；选择 9 个质量安全可追溯成本的倍数值 $x\in$（1，1.5，2，2.5，3，3.5，4，4.5，5）；最后再选择 9 个养殖户质量安全行为成本的倍数值 $y\in$（0.5，0.6，0.7，0.8，0.9，1.1，1.2，1.3）。为计算方便，在某一参数随取值变化时，其他参数全部取基准值，因此，不同参数取值形成 33 个组合，对于每一个组合，利用 E_2-E_3 计算质量安全可追溯后向控制绩效值，由此产生 33 个样本。以质量安全可追溯后向控制绩效值作为因变量，以 ln$k$、PLOF、x 和 y 作为自变量①，利用 SPSS13.0 软件，进行普通最小二乘（OLS）回归分析，结果如表 6.6 所示。

表 6.6　普通最小二乘（OLS）回归分析结果

	系数	标准差
常数项	4.2140***	1.1030
ln$k$	−1.3180**	0.2710
PLOF	9.8650***	0.6800
x	−0.7300***	0.1220
y	−5.3850**	0.9130
R^2		0.9280

注：*** 表示在 0.01 水平上显著，** 表示在 0.05 水平上显著。

从回归结果可以看出：

（1）随着养殖户绝对风险规避系数增加，企业质量安全可

① 为便于计量，模型中使用 ln$k$ 代替 k 进入模型。

追溯绩效将下降，绝对风险规避系数的常用对数值每增加一个单位，企业质量安全可追溯绩效下降 1.318。实际中，k 值的增加表明养殖户风险厌恶程度增强，企业必须向养殖户支付更高水平的风险溢价才能促使其采用更有效的质量安全行为，但风险溢价增加会挤占企业质量安全可追溯的绩效，故绩效趋于减小。

（2）养殖户的不当行为所引起企业损失值的增加，质量安全可追溯绩效将增大，10%的增长会导致绩效增加 0.9865 元/头。表明如果养殖户的质量安全控制行为对企业产生影响较小，质量安全可追溯绩效就会大大减小，给企业带来的收益也较少。

（3）随着企业质量安全可追溯成本增加，其绩效会相应减少，追溯成本增加 10%，绩效将减小 0.073 元/头；其他因素不变时，如果追溯成本非常高，有可能导致质量安全可追溯绩效变为 0，质量安全可追溯对于企业变得无意义。

（4）养殖户质量安全控制成本增加也会导致企业质量安全可追溯绩效水平减少，行为成本每增加 10%，绩效值将减少 0.5385 元/头，在其他因素不变时，如果行为成本继续向上增长，绩效值也将会趋近于 0。这表明企业必须提高给养殖户的条件支付，用以补偿其行为成本，否则将会无法实现后向控制。当绩效值为 0 时，质量安全可追溯将对企业变得无意义。

6.4　案例分析

从国内外质量安全可追溯理论研究成果看，质量安全可追溯作为一种组织安排，在帮助猪肉加工企业控制投入品质量安全，减少食品安全风险等方面起到了积极作用。由于数据获取困难，之前对后向控制绩效的研究采用技术数据进行实证，为使研究更趋科学、合理，有必要通过案例分析对之前研究结论予以验证并做适当修正。

6.4.1 案例企业选择

从样本企业后向控制绩效的总体描述可以看出，大多数企业尚未真正意识到质量安全可追溯的后向控制绩效，因此，为使案例分析得以顺利开展，需选择已形成后向控制绩效的猪肉加工企业作为案例展开研究，实地调研表明，一些规模较大且现代化的肉类联合加工企业一般都通过质量安全可追溯体系建设获取了后向控制绩效。《食品工业“十二五”发展规划》和《全国生猪屠宰行业发展纲要（2010—2015 年）》也表明，现代化肉类联合加工企业等高度集约化的现代企业形态将是我国猪肉加工企业今后的发展方向。因此，案例企业选择基于肉类产业未来的发展，选取杭州五丰联合肉类有限公司作为案例研究对象，以期得出与猪肉产业发展实际相吻合的研究结论。

6.4.2 案例企业基本情况

杭州五丰联合肉类有限公司的前身是始建于 1958 年的杭州肉类联合加工厂，后于 2007 年 11 月二次改制成为一家大型肉类食品加工、冷藏经营的企业。公司下属企业 16 家，其中直属分公司 6 家，子公司 10 家，公司现有职工 1 000 余人，企业注册资本 5 000 万元，2011 年末企业总资产 5.5 亿元，净资产 4.08 亿元。2011 年实现销售收入约 10 亿元，各类商品成交额 30 亿元，实现利润 7 516 万元。

公司已逐步发展并形成了冷藏业、屠宰加工业、肉类食品生产经营的产业格局。主要产品有白条肉、分割肉、肉制品、速冻肉食品四个大类。所属冷冻肉食品交易市场营业面积1万多平方米，驻场批发商300家，主要经营品种有肉、禽、蛋、水产、海产、腌腊、干果、速冻食品、冷饮等1 000余种，年商品吞吐量50万吨。经营产品辐射到全国各地，冷冻食品市场规模和创造的经济效益名列全国前茅。所属鲜肉交易市场每天成交鲜猪肉占杭州市区“放心肉”供应量的60%以上。冷冻食品交易和鲜肉交易市场被评为杭州市绿色市场。

公司顺应肉类产业发展趋势，秉承“打造食品名牌，提升生活品质”的企业使命，在生产过程中非常注重食品安全管理，不断加强“瘦肉精”和病害猪肉的检验和无害化处理，企业已经建立并通过了QS认证和HACCP体系认证，同时在猪肉及其制品生产和加工过程实现了全程质量安全可追溯。2003年5月，企业推出了“联合康康”品牌冷鲜肉，并公司致力于自主研发品牌肉制品，相继研发了酱卤类、香肠类、高温类、休闲类及冷冻类系列新产品。与此同时，公司积极开拓国际市场，对日本、新加坡等地产品出口业务保持较快的增长水平，2011年累计产品出口创汇达4 000万美元以上。随着企业经营规模不断扩大，综合实力明显增强，企业也因此获得了良好的社会信誉，先后被评为全国定点屠宰先进企业、全国绿色生产线示范单位、中国肉类行业50强、全国工业肉制品及副产品加工行业效益十佳、浙江省商业名牌企业、杭州市农业龙头企业。

近年来，为应对日益频发的猪肉质量安全事件，确保自身产品的质量安全，企业在协同发展冷藏业、屠宰加工业、肉类食品生产经营业的基础上，全面实施“中间协同，两头延伸，垂直一体化”发展战略，不断向生猪养殖基地和肉类产品连锁销售延伸。目前已自行建设三个大型生猪养殖基地，年出栏生猪20 000余头，全部供应“联合康康”品牌冷鲜肉生产。同时“联合康康”品牌冷鲜肉还以连锁专卖的营销方式，在杭州市区各大型超市、农贸市场、居民社区设立冷鲜肉专卖店，目前已设置100余家门店，基本覆盖杭州市区。企业通过垂直一体化经营，正着力打造优质、安全、放心的猪肉产品。

6.4.3 质量安全可追溯体系建设情况

杭州五丰联合肉类有限公司早在2005年初就着手在HACCP体系的基础上实现基于生产过程的质量安全可追溯。为全面推进质量安全可追溯体系建设，企业在生产过程中引入了条形码系统和仓储管理系统，后期还建立了ERP系统，实现质量安全信息的电子化管理，方便其在企业内部传导。企业除记录法律、法规和标准规定的信息外，还将加大对“瘦肉精”和病害猪肉的检测力度，进场生猪“瘦肉精”和病害猪肉的抽检比例分别达到100%和80%，极大提升了质量安全可追溯体系的广度和精度，这得益于杭州市农业部门和商务部门给予其检测费用的支持，另外，企业现有的50余名技术人员全部参与生产过程的检验，提供必要的质量安全信息，并及时对问题猪肉进行处理；企业在质量安全可追溯体系的建设和维护过程中，先后投入30余万元购买必要的检测仪器，并建立了现代化的质量检测实验室，同时每年平均花费12万～15万元对员工进行必要的培训、升级信息软件及购置检验用耗材等。

6.4.4 质量安全可追溯后向控制绩效情况

随着市场对高质量安全猪肉产品需求的日益增大，“联合康康”品牌冷鲜肉越来越受到市场青睐，并销售到省内宁波、金华等地，其自建养殖基地所提供的生猪远不能满足需求。因此，自 2008 年开始，企业开始从衢州、龙游等地调运生猪生产“联合康康”品牌冷鲜肉。如何控制外地生猪质量安全，成为保证“联合康康”品牌冷鲜肉产品品质的关键，特别是 2011 年初双汇“瘦肉精”事件出现后，确保原料生猪的质量安全成为企业生产的重中之重。为解决这一问题，企业从 2009 年开始尝试使用三种方法，一是原料生猪的采购大多与养殖合作社或大型养殖场进行大规模交易；二是派专人进驻养殖场监督订单生猪的饲养过程；三是利用其建立的质量安全可追溯体系识别原料生猪的质量安全状况，并对不同质量安全水平的生猪实现差别支付。实践中，由于养殖户和驻场人员违规行为无法有效识别，前两种方法的效果并不明显，最后一种方法由于使用价格杠杆，效果最为明显，因此，企业的质量安全可追溯体系在后向控制投入品质量安全上取得了一定的绩效。

外地购进的生猪在屠宰和加工过程必须利用质量安全可追溯体系进行判别，并以此针对可识别的上游供应商支付不同的价格，以 2012 年 1 月企业收购外地生猪的价格标准为例，如果发现生猪存在“瘦肉精”或其他导致无法进行屠宰的病害，企业与上游养殖户共同承担由此引起的损失，若没有发现任何问题，企业则会支付一个较高的价格。随着生猪交易价格的变化，这一支付计划也随之发生变化。表 6.7 显示了 2012 年 1 月企业自行制定的支付计划。

表 6.7　2012 年 1 月案例企业生猪支付计划

单位：元/千克

	发现质量安全问题	未发现质量安全问题
追溯体系存在	13.5	17.9
追溯体系不存在	17.4	17.4

注：支付计划根据企业收购外地生猪的价格整理而得。

由于生猪许多病患全年高发，企业质检主管连续三年的跟踪统计发现，每百头生猪中平均有 12～13 头会出现不同类型的问题，假定问题生猪出现的概率为 12.5%，调研过程中，企业质检主管、生产主管及一线操作人员一致认为质量安全可追溯体系可以实现问题生猪的完全追溯，因此其质量安全可追溯的成功率为 100%[①]。根据以上数据，结合技术数据实证中病害生猪无害化处理的补偿标准，即按每头生猪平均 110 千克计，质量安全可追溯体系存在时，企业购进生猪所产生的支付可计算为（13.5 元/千克×12.5%＋17.9 元/千克×87.5%）×110 千克/头－611 元/头×12.5%＝1 832.07 元/头；而质量安全可追溯体系不存在时，企业购进生猪所产生的支付可计算为 17.4 元/千克×110 千克/头－611 元/头×12.5%＝1 837.625 元/头，由此可以看出，两者在支付上存在差异，质量安全可追溯体系存在时的支付较低，而质量安全可追溯体系不存在时的支付较高，两者的差额为 1 837.625 元/头－1 832.07 元/头＝5.555 元/头，剔除单位产品上质量安全可追溯的成本

① 一般企业都倾向于认为其所建立的质量安全可追溯体系能实现问题产品完全识别和定位。

1.37元[①]，质量安全可追溯体系利用差别支付计划后向控制原料生猪质量安全上所取得的单位绩效为5.555元/头－1.37元/头＝4.185元/头，企业每年生产“联合康康”品牌冷鲜肉产品需消耗生猪约为15万头，质量安全追溯体系每年所取得的总绩效为62.775万元，经济价值相当可观。企业质检主管认为，质量安全可追溯体系所带来的绩效主要由生猪交易过程透明度的提高所致，这点与国外相关研究的结论一致。

进一步对企业采购生猪的养殖合作社和大型养殖场的调研显示，由于与企业的生猪交易量占据了其养殖量的绝大多数，形成了较为稳定的交易关系，且彼此间相互信任[②]，企业在交易过程中拥有较强势力。因此，养殖合作社和大型养殖场的负责人普遍比较重视企业对生猪质量安全的要求，并接受企业所提出的差别价格支付计划，为保证交易的顺利持续进行并少受损失，这些养殖组织在养殖过程中比分散养殖户更加注重质量安全控制，在种猪繁殖育肥、饲料投入，疫病防控等方面都建立了严格的操作规范，因其规模普遍较大，质量安全控制所导致的单位产品成本上升较少。

通过以上对案例企业质量安全可追溯后向绩效的调查分析，所得出的结论基本与实证分析的结论一致。

6.4.5　质量安全可追溯后向控制绩效的影响因素

进一步利用问卷在案例企业内部对质量安全可追溯后向控制绩效的影响因素进行调查，先期访谈过程中，企业质检主管

① 单位产品上的追溯成本质检主管根据企业财务数据推算所得。

② 稳定的交易关系和信任度在对企业的问卷调查中也得以体现。

列举了几个可能对质量安全追溯后向控制绩效产生影响的因素，包括政府监管（整治和规范市场力度、问题产品的惩罚强度），上游供应商特征（养殖规模、安全生产意识），质量安全可追溯体系的成本（政府财政补贴、技术培训和指导），将以上影响因素设计到问卷中，利用李克特 7 量表让受访者评价打分[①]，受访者主要为企业从事质检工作的人员，工作职能与质量安全可追溯体系运行有关的部分管理人员，共计 67 人，表 7.8 显示了受访者对各类影响因素的评价得分均值，并按照从高到低进行排列。

表 6.8　影响因素得分均值及排序

影响因素	得分均值	排序
问题产品的惩罚强度	6.78	1
养殖规模	6.12	2
政府财政补贴	6.07	3
技术培训和指导	5.34	4
上游供应商安全生产意识	3.13	5
整治和规范市场力度	2.05	6

资料来源：根据问卷数据整理而得。

表 6.8 显示了影响因素得分的排序情况，对质量安全可追溯后向控制绩效影响最大的是问题产品的惩罚强度，其次依次为养殖规模、政府财政补贴、技术培训，上游供应商安全生产意识和政府整治和规范市场力度的得分均值很低，可视为影响不显著。在被认为影响显著的因素中，问题产品的惩罚强度实

① 1 表示无任何影响，7 表示影响最强，其他取值介于其中。

际上表示企业由于生猪质量安全不合格而所遭受到的损失，即实证分析中的PLOF；养殖规模一方面表示养殖组织使用更高水平的质量安全控制手段所付出的成本较少，另一方面，由于规模较大，抵御风险的能力较强，风险厌恶程度较低，因此，养殖规模可以间接代表实证分析中的 y 和 k；而政府财政补贴和技术培训指导则表示了企业质量安全可追溯体系可能的成本支出情况，因此可代表实证分析中的 x，从以上各显著影响因素的得分均值的排序来看，影响强度情况与实证分析结果基本一致。

对质检人员和部分管理人员的结构化访谈也揭示了各因素的影响方向。85.63%的受访者认为政府对问题产品惩罚力度的加强会增进质量安全可追溯体系的绩效，因为企业通过质量安全可追溯体系最大限度地避免养殖环节的质量安全问题对其带来的损失，这一影响是正向的。而83.27%的受访者认为，随着养殖规模的增大，企业质量安全可追溯体系的后向控制绩效得以增强，因为养殖规模增大代表风险规避程度降低和质量安全控制成本下降，养殖组织更易于接受企业所提供的差别价格支付计划，同时对养殖组织质量安全控制成本的补偿较少，质量安全可追溯体系的绩效得以增进。99.6%的受访者认为，随着政府财政补贴的增加和技术培训、指导的深入，质量安全可追溯体系的后向控制绩效也相应增加，原因在于，政府财政补贴和技术培训、指导等能有效降低质量安全可追溯体系的成本，使其在后向控制投入品质量安全上的有效输出更多。以上针对案例企业各因素影响方向调查所得出的结论与实证分析的研究也基本一致。

6.5 本章小结

本章借鉴国外学者相关研究范式，利用委托代理理论，构建猪肉加工企业和生猪养殖户质量安全交易的委托代理模型，引入猪瘟疫苗技术数据，对猪肉加工企业质量安全可追溯后向控制绩效展开实证研究。结果表明，质量安全追溯后向控制绩效必须结合条件支付计划才能实现，企业在支付价格、追溯成本和问题产品损失间进行平衡，以此获取最大绩效并选择一个合理追溯水平。进一步通过敏感度分析对猪肉加工企业质量安全可追溯后向控制绩效的影响因素进行研究，发现养殖户风险规避系数，养殖户质量安全行为对企业造成损失，企业追溯成本和养殖户质量安全行为成本显著影响后向控制绩效，但在强度和方向上显示出差异。针对杭州五丰联合肉类有限公司的案例研究直接或间接支持了之前的研究结论。

第7章　研究结论与政策建议

本章将简要总结之前研究所得出主要结论，并提出相应的政策建议以及进一步研究的方向。

7.1　研究结论

第一，加工企业是猪肉质量安全可追溯体系建设的核心主体。

资料收集整理和实地调研发现，加工企业日益成为猪肉供应链核心主体并主导供应链发展，基于供应链的猪肉质量安全管理需要加工企业发挥引领和带动作用。质量安全可追溯作为一种有效的食品安全管理手段和方法，其质量安全信息传递机制和责任激励机制的形成和发展需要供应链核心主体参与并发挥主导作用，加工企业作为物流和信息流的唯一共同收敛点，无论是在质量安全信息的揭示和利用，还是对于政府管制，都显示出较高的经济性优势，同时还能利用其不断增强的势力，影响和带动猪肉供应链其他主体参与质量安全可追溯，特别是对处在供应链最上端生猪养殖户质量安全控制行为具有极强的促进作用，成为实现“加工企业带农户”的重要途径。

第二，猪肉加工企业质量安全可追溯行为供给不足、绩效

低下。

在对浙江和江西两省猪肉加工企业的实地调查过程中，我们发现，猪肉加工企业规模普遍偏小，产品以本地销售为主，极少拥有自主品牌，员工整体素质低下，尚未形成完善的现代企业经营制度。由于生猪代宰业务占据了相当大比重，质量安全产权无法得以有效转移，加上政府监管压力不平衡和监管政策不科学，大部分猪肉加工企业质量安全可追溯行为仅满足最低管制要求，质量安全可追溯行为的供给明显不足。而同样由于企业自身能力弱小和政府管制制度、模式不合理，猪肉加工企业实施质量安全可追溯行为过程中，通常付出了较大成本，却无法通过收益进行补偿，因而造成了包括运作绩效和后向控制绩效在内的总体绩效低下。

第三，专用性资产投资在交易费用和非交易费用因素的调节下影响猪肉加工企业质量安全可追溯行为水平。

本研究构建了猪肉加工企业质量安全可追溯行为水平选择的交易费用实证框架，认为质量安全可追溯作为一种附着在既定商品合约基础上的纵向信息协作机制，其水平受到交易费用的影响，而在众多衡量交易费用的交易特征中，专用性资产投资水平最为重要，其与质量安全可追溯行为水平间存在着显著的正向关系，其他一些交易特征因素均通过专用性资产投资来改变交易费用，最终对质量安全可追溯行为水平产生影响，实证研究支持了这一假设。

供应商不确定性、顾客不确定性、消费者关注度、政府监管和业务类型等因素对资产专用性影响质量安全可追溯行为水平的过程具有显著的调节作用。供应商不确定性、顾客不确定性、政府监管显著强化了企业资产专用性和质量安全可追溯行为间的正向关系，消费者关注度和业务类型则显著弱化了企业资产专用性和质量安全可追溯行为间的正向关系。衡量企业与供应链上下游组织协作能力的企业能力因素所起的调节作用则不显著。业务类型调节作用的强度最大，顾客不确定最小，供应商不确定性、政府监管和消费者关注度位居其中。

需要指出的是，业务类型无论是在直接影响，还是在调节影响中，均较显著，表明代宰业务成为影响企业质量安全可追溯行为水平选择的重要因素，上游供应商不确定性、下游顾客不确定性、消费者关注度、政府监管的作用也不容忽视。

第四，猪肉加工企业利用质量安全可追溯在生产运营和质量证明上获取收益并付出成本，形成不同运作绩效模式；内外部环境因素对运作绩效产生显著影响。

猪肉加工企业通过质量安全可追溯在生产成本节约和产品质量证明上形成有效输出，有效输出包含了在这些目标上所获取的收益和付出的成本，具体收益包括供应链管理效率的改善、产品差异化和内部质量安全控制，而成本主要是指质量安全可追溯行为的成本支出，成本收益的综合形成了运作绩效。

猪肉加工企业质量安全可追溯的运作绩效可分为三类，即供应链改善型绩效模式、市场实现型绩效模式和匮乏型绩效模式，供应链改善型绩效模式的企业利用质量安全可追溯主要实现供应链管理效率的改善，以大型肉类加工企业为主，并建立了现代企业管理制度，但数量较少；市场实现型绩效模式的企业利用质量安全可追溯进行产品差异化，在通过更好的市场实现取得收益，以中等规模企业为主，数量一般；匮乏型绩效模式的企业数量最多，质量安全可追溯行为实施前后，企业成本收益并非发生显著变化，以小规模企业为主，尚未实现现代化管理。

企业所面临的内外部环境会对其质量安全可追溯的运作绩效产生显著影响，具体体现在，产业政策执行情况、企业决策者食品安全意识、质量安全成为企业战略的情况和企业对上下游组织的控制力对运作绩效产生显著正向影响，影响强度由强到弱；而产业集中度、品牌水平和信任水平对运作绩效产生显著负向影响。

第五，猪肉加工企业通过质量安全可追溯促进养殖户质量安全控制，并取得后向控制绩效；与养殖户和企业有关的因素对后向控制绩效产生显著影响。

猪肉加工企业借助质量安全追溯来保障投入品质量安全，结合合理的条件支付计划，对具有不同质量安全特征的投入品进行差别价格支付，促进养殖户在生产过程中加强质量安全控制，由此取得质量安全可追溯的后向控制绩效。

利用委托代理模型的技术数据实证表明，信息不对称条件下，后向控制绩效表现为质量安全可追溯存在与否时，企业在取得投入品过程中总体成本的减少。企业质量安全可追溯后向控制绩效的取得，一方面来源于信息不对称程度的减少，另一方面来源于食品安全代理成本的减轻。

企业质量安全可追溯后向控制绩效一般受养殖户风险规避系数，养殖户质量安全行为对企业造成损失，企业追溯成本，养殖户质量安全行为成本的影响（不通），除养殖户质量安全行为对猪肉加工企业所造成的损失对质量安全可追溯绩效的影响是正向以外，其余的影响均是负向的；从强度上看，养殖户质量安全行为对企业造成的损失最大，追溯成本最弱。

案例分析的结果与实证分析的结果基本一致。案例企业建立的质量安全可追溯体系有效增进了养殖户质量安全行为，并通过差别价格支付实现了生猪获取过程中成本的减少，并取得绩效。案例企业质量安全可追溯后向控制绩效总体上受问题产品惩罚强度，养殖户规模、政府财政补贴和技术培训等因素的影响，这些影响因素与实证分析中的影响因素从理论上看联系紧密，而影响强度和方向与实证分析结果相同。

7.2　政策建议

以上研究结论对于促进我国猪肉供应链质量安全可追溯体系建设，从整体上提高猪肉质量安全管理水平具有重要的参考价值。结合我国猪肉加工企业质量安全可追溯建设的关键问题和发达国家肉类供应链质量安全可追溯体系建设的经验，初步的政策建议可归纳如下：

1. 加大政策扶持力度，推进猪肉加工企业主导猪肉供应链质量安全可追溯体系建设

一要通过合理的产业政策，促进猪肉加工企业集中度的适度提高。在资金、技术等方面大力扶持一批规模大，管理水平高、技术设备先进的猪肉加工企业，整合或淘汰大量产能低，规模小、技术设备落后的企业，利用政府补贴和技术指导等手段鼓励企业引入现代企业管理制度，强化质量安全的战略引导，通过实施较高水平的质量安全可追溯来保证自身产品的质量安全，充分发挥质量安全可追溯的规模经济性，同时打破部分企业在区域市场上垄断经营格局，实现一体化的市场竞争，提高猪肉加工企业质量安全可追溯的绩效。

二要鼓励有实力的猪肉加工企业在供应链上实现纵向一体

化经营。促使企业通过联合和兼并等手段自建养殖基地，构建“农户＋合作社＋企业”的模式，有效降低与上下游组织间交易的不确定性，养殖户风险规避程度和质量安全可追溯成本，提高企业资产专用性水平，促进其实施更完善的质量安全可追溯，以此带动生猪养殖户的质量安全控制行为，提高质量安全可追溯的绩效。

三要逐步降低猪肉加工企业代宰业务的比重，实现猪肉质量安全产权的完全转移。鼓励猪肉加工企业从事具有自有品牌的猪肉产品生产，如冷鲜肉和猪肉制品等，以此来激发其质量安全管理意识，形成产品质量安全管理的需求和压力，并通过实施高水平的质量安全可追溯行为来控制产品质量安全，揭示产品质量安全特征差异化自身产品，最大限度地实现产品。

四要加快推进生猪养殖环节的规模化和一体化经营，提高企业质量安全可追溯的后向控制绩效。政府应通过合理的产业政策，以合作社和养殖共同体等形式将众多小而分散的养殖户整合起来，同时也可鼓励规模较大的养殖户利用合并、收购、兼并等方法，在提高养殖户抗风险能力的同时，降低企业通过质量安全可追溯获取养殖环节质量安全信息的难度，使企业有效控制投入品质量安全，在猪肉供应链上形成“加工企业带农户”的格局，提高企业质量安全可追溯的后向控制绩效，同时有助于农民增收。

五要构建强制性和自愿性相结合的管制格局，充分发挥企业的主观能动性，鼓励其按照自身实际建设质量安全可追溯体系。政府在推动猪肉供应链质量安全可追溯体系建设的过程中，应借鉴发达国家的成功经验，构建强制和自愿相结合的管制格局，对影响较大的猪肉质量安全信息强制要求企业通过质量安全可追溯体系进行揭示，其他则采取自愿原则。这一管制格局一方面能激发企业利用质量安全可追溯体系实现质量安全管理的热情，另一方面企业根据自身实际建设的质量安全可追溯体系在运行过程中则更有绩效。此外，政府对于自愿性质量安全可追溯的监管可通过规范、完善的认证市场实现。

六要完善“分段监管”模式下的质量安全信息沟通机制。当前食品安全的“分段监管”通常会导致企业质量安全可追溯在获取供应链上下游组织质量安全信息上的困难，良好的质量安全信息沟通机制能有效降低成本，促进企业质量安全可追溯行为的供给和绩效的取得。鉴于“分段监管”模式短期内还无法得以改变，建议政府考虑在猪肉供应链质量安全信息的获取和共享上实行单一部门监管。

2. 完善法规制度，促进“优质优价”的市场机制的形成

一要大力加强政府对猪肉质量安全的监管。猪肉作为我国居民日常消费中最重要的食品，政府应实现对猪肉质量安全问题的“零容忍”，提高对含有“瘦肉精”等问题产品的处罚力度，提升养殖户给企业带来损失的期望值，利用行政手段迫使生产问题产品的企业退出市场。通过对问题产品和企业的曝光和查处直接向猪肉加工企业施加压力，促使企业实施高水平质量安全可追溯行为，并通过后向控制上游供应商的质量安全管理行为，传导政府监管压力，从整体上提高猪肉供应链质量安全管理水平。

二要积极建设覆盖全国的猪肉质量安全信息平台。可考虑在期货交易体系的基础上，实施猪肉质量安全信息定期发布制度，最大限度减少市场失灵，构建“优质优价”的市场格局，以此倒逼猪肉加工企业建设更高水平的质量安全可追溯行为，规避责任，减少损失。

三要建设猪肉加工企业诚信档案，促进诚信经营。政府可将有限监管资源集中于猪肉加工企业，通过对其生产经营过程的监管，建设企业诚信档案，并定期向社会公布，通过政府行为激发市场压力，倒逼企业通过建立质量安全可追溯实现食品安全管理，保护并提升企业质量安全可追溯的绩效。

3. 推进猪肉质量安全控制技术的研发和培训，为猪肉供应链质量安全管理提供有力支持

一要加强政府对质量安全可追溯体系和猪肉生产加工技术的研发投入，如信息管理技术等，并将其作为共性技术，实现猪肉加工企业的共享，提高企业获取和利用质量安全信息的能力，降低质量安全可追溯的实施成本，促进猪肉加工企业质量安全可追溯行为的有效实施并获取相应绩效。

二要大力开展养殖环节质量安全控制技术的研发，加强对养殖户等源头生产者质量安全的教育与技术培训，提高其食品安全意识并降低技术使用门槛，有效减少养殖户的风险规避和质量安全行为成本，促进源头上更有效质量安全管理手段的应用，使企业更容易地通过质量安全可追溯后向控制养殖户的质量安全行为，并取得后向控制的绩效。

4. 加强教育引导，提高从业人员和消费者的科学素养和判断能力

一要对从业人员普及与质量安全可追溯有关的科技知识和管理技能，加强猪肉加工企业主要管理者对质量安全可追溯的认知，明确其在食品安全管理中的作用及可能给企业带来的收益，促进其对质量安全追溯行为和绩效的理性判断。

二要教育和引导消费者，提高消费安全猪肉产品的意识，激发消费者对安全猪肉产品的需求，提升消费者食品科学的素养和识别技能；建设食品安全举报制度，鼓励消费者进行合理、合法的维权活动，倒逼猪肉加工企业通过实施质量安全可追溯来有效保证自身产品的安全，赢得消费者信任，并获取长久利润。

7.3 研究展望

在研究的最后部分，有必要交待本研究的不足之处和可供进一步研究的方向，具体如下：

研究内容上，本研究主要关注猪肉加工企业质量安全可追溯行为发生和绩效变化的机理问题。进一步的研究可考虑引入时间因素，基于动态视角考察猪肉加工企业质量安全可追溯行为及绩效的变化，特别是在质量安全可追溯绩效的研究中，长期对特定猪肉加工企业进行跟踪调查，得出的结论更为丰富，国外许多学者在类似研究中都采取了该范式。

研究方法上，本研究以调研数据为基础展开实证研究，好的研究方法通常都需要高质量的数据作为支撑。今后的研究可考虑探索更为客观的代理变量对交易费用进行有效测量；在质量安全可追溯运作绩效指标的测量中尝试选取和分离出具体财务数据并引入成本会计法、工程成本法进行定量分析；对质量安全可追溯后向控制绩效研究所使用的部分经济数据，如农户风险规避系数和追溯成本函数等，通过更科学的方法获取以提高其在我国的适应性。

参 考 文 献

白丽，巩顺龙，谭屹然．2010. 我国农产品加工企业采纳 HACCP 标准的行动模式研究——以屠宰及肉类加工企业为例．农业技术经济（6）：98－105.

陈超．2003. 猪肉行业供应链管理研究．南京：南京农业大学．

陈芳，姜启军．2011. 企业构建食品追溯体系的成本收益研究．湖南农业科学（1）：39－40.

房丽娜．2009. 农产品供应链信息管理的研究．北京：中国农业科学院．

胡求光，童兰．2012. 中国农产品质量安全追溯体系的出口贸易效应分析．国际贸易问题（7）：30－36.

胡求光，童兰，黄祖辉．2012. 农产品出口企业实施追溯体系的激励与监管机制研究．农业经济问题（4）：71－77.

景为．2008. 农业产业化项目管理研究．杨凌：西北农林科技大学．

李晓红．2005. 中高档猪肉产业链组织模式研究．北京：中国农业大学．

林学贵．2012. 日本的食品可追溯制度及启示．世界农业（2）：38－42.

刘清宇．2010. 生猪屠宰加工企业实施自愿性质量安全可追溯行为的影响因素研究——来自浙江省的实证分析．杭州：浙江大学．

卢纹岱．2010. SPSS 统计分析：第四版．北京：机械工业出版社：337－385.

罗宾斯．2009. 管理学．北京：中国人民大学出版社：15－17.

吕宗吉，李红卫，涂长春．2000. 我国部分地区猪瘟病毒流行株的基因差异. 中国兽医学报（4）：313－316.

毛文杰，陈宁，曲健，唐宇龙，方维焕．2010. 不同猪瘟疫苗类型及剂量的抗体反应特性研究．浙江农业学报（1）：87－90.

施晟，周德翼 汪普庆．2008. 食品安全可追踪系统的信息传递效率及政府治理策略研究．农业经济问题（5）：20－25.

孙世民，李娟，张健如．2011. 优质猪肉供应链中养猪场户的质量安全认知与行为分析——基于9省份653家养猪场户的问卷调查．农业经济问题（3）：76－81.

孙世民，满广富，李娟．2008. 养猪专业户加盟优质猪肉供应链的意愿与动机分析——基于对山东省的239份调查问卷．中国食物与营养（4）：1－18.

王俊豪．2008. 产业经济学．北京：高等教育出版社：79－105.

王蕾，王锋．2009. 农产品质量安全可追溯系统有效实施的经济分析：一个概念框架．软科学（7）：109－113.

王秀清，孙云峰．2002. 我国食品市场上的质量信号问题．中国农村经济（5）：27－32.

王孝莹．2006. 农业产业组织行为主体博弈分析．泰安：山东农业大学．

王亚静．2007. 中国契约农业交易行为的理论分析与实证研究．武汉：华中农业大学．

王瑜．2008. 垂直协作与农户质量安全控制行为研究——基于江苏省生猪行业的实证分析．南京：南京农业大学．

卫龙宝，卢光明．2004. 农业专业合作组织实施农产品质量控制的运作机制探析——以浙江省部分农业专业合作组织为例．中国农村经济（4）：36－45.

伍建平．1999. 农产品市场失败与政府监管．中国农业大学学报（社会科学版）（3）：59－60.

吴秀敏，严莉．2012. 食用农产品企业建立可追溯系统经济效益影响因素实证分析——以四川、河南两省80家企业为例．广东农业科学（11）：219－223.

闫倩．2011. 可追溯体系建设过程中农户与企业的信任合作关系．成都：四川农业大学．

闫倩，吴秀敏．2010. 农产品可追溯制度中农户和企业的博弈研究．中国农学通报（15）：426－431.

杨秋红 . 2008. 企业建立农产品质量安全可追溯系统的意愿及影响因素研究——以四川省为例 . 成都：四川农业大学 .

杨秋红，吴秀敏 . 2008. 食品加工企业建立可追溯系统的成本收益分析 . 四川农业大学学报（1）：99 - 103.

杨秋红，吴秀敏 . 2009. 农产品生产加工企业建立可追溯系统的意愿及其影响因素——基于四川省的调查分析 . 农业技术经济（2）：69 - 77.

杨永亮 . 2006. 农产品生产追溯制度建立过程中的农户行为研究 . 杭州：浙江大学 .

叶俊焘 . 2012. 猪肉加工企业质量安全追溯系统后向控制绩效研究 . 农业经济问题（3）：84 - 91.

叶俊焘 . 2010. 蔬菜批发市场供应商质量安全可追溯体系供给行为研究 . 农业技术经济（8）：19 - 26.

叶俊焘，胡亦俊 . 2010. 以批发市场为核心的农产品质量安全追溯系统研究：理论与策略 . 生态经济（10）：110 - 115.

元成斌 . 2009. 食用农产品企业实行质量可追溯体系的行为研究——以四川家企业为例 . 成都：四川农业大学 .

张仕都 . 2009. 蔬菜质量安全可追溯体系建设研究——基于批发市场和政府相关部门的二维视角 . 杭州：浙江大学 .

张婷，吴秀敏 . 2010. 我国建立农产品可追溯制度的经济学分析 . 广西农业科学（7）：286 - 288.

张维迎 . 2004. 博弈论与信息经济学 . 上海：上海人民出版社：235 - 235.

赵敏 . 2007. 农产品物流 . 北京：中国物资出版社：103 - 107.

赵荣，陈绍志，乔娟 . 2012. 美国、欧盟、日本食品质量安全追溯监管体系及对中国的启示 . 世界农业（3）：1 - 5.

赵荣，乔娟 . 2011. 农户参与食品追溯体系激励机制实证研究 . 华南农业大学学报（社会科学版）（1）：9 - 18.

赵智晶，吴秀敏，谢筱 . 2012. 食用农产品企业建立可追溯制度绩效评价——以四川省为例 . 四川农业大学学报（1）：114 - 120.

周德翼 . 2008. 食品安全的逻辑 . 北京：科学出版社：3 - 34.

周德翼，杨海娟 . 2002. 食物质量安全管理中的信息不对称与政府监管机制. 中国农村经济（6）：29 - 35.

周洁红 . 2005. 消费者对蔬菜安全认知和购买行为的地区差别分析 . 浙江大学学报（人文社科版）（6）：113 - 121.

周洁红 . 2006. 农户蔬菜质量安全控制行为及其影响因素分析——基于浙江省 396 户菜农的实证分析 . 中国农村经济（11）：25 - 34.

周洁红，陈晓莉，刘青宇 . 2012. 猪肉屠宰加工企业实施质量安全 . 农业技术经济（8）：29 - 31.

周洁红，姜励卿 . 2007. 农产品质量安全追溯体系中的农户行为分析——以蔬菜种植户为例 . 浙江大学学报（人文社科版）（2）：118 - 127.

周洁红，胡剑锋 . 2009. 蔬菜加工企业质量安全管理行为及其影响因素分析——以浙江为例 . 中国农村经济（3）：78 - 87.

朱莹莹 . 2008. 我国猪肉供应链模式研究 . 江南大学 .

Aiken, L. S., West, S. G. Multiple Regression: Testing and Interpreting Interactions. London: Sage Publications, 1991, 137 - 138.

Alberta Agriculture and Food. 2007—2010 Strategic Management Plan for Alberta Agriculture and Food: the Systems Thinking Approach: Part of A Yearly Strategic Management Cycle (Planning-People-Leadership-Change). Alberta's Agriculture and Food Traceability Systems, 2007.

Alfaro, A., Luis, A. Traceability as a strategic tool to improve inventory management: A case study in the food industry. International Journal of Production Economics, 2009, 118 (2), 104 - 110.

Animal Health Australia. Livestock Identification and Traceability. Available at http: //www. animalhealthaustralia. com. au/shadomx/apps/fms/fmsdownload. cfm? file _ uuid, 2003. 07. 24/2010 - 03 - 22.

Antle, J. M. Choice and Efficiency in Food Safety Policy. Washington, DC: The AEI Press. 1995, 1 - 13.

Antle, J. M. No Such Thing as a Free Safe Lunch: The Cost of Food Safety Regulation in the Meat Industry. American Journey of Agricultural Economics，2000，82 (2)，310 - 322.

Antle，J. M. Economic Analysis of Food Safety. In Handbook of Agricultural Econonics. New York：Amsterdam：Elsevier Science B. V.，2001，1083 - 1136.

Barcos，L. O. Recent Developments in Animal Identification and the Traceability of Animal Products in International Trade. Scientific and Technical Review，2001，20 (2)，640 - 651.

Basarab，J. A.，Milligan，D.，& Thorlakson，B. E. Traceback Success Rate of an Electronic Feedlot to Slaughter Information System for Beef Cattle. Canadian Journal of Animal Science，1997，77 (5)：525 - 812.

Bailey，D. Benefits And Costs Associated With an Animal Identification System for Cattle in the United States. Animal Identification，Western Extension Marketing Committee，2004，2 (4)，1 - 20.

Bailey，D.，&Hayes，D. The Evolution of Identity Preservation in Red Meat Markets. Managing for Today's Cattle Market and Beyond，2002，3 (13)，212 - 233.

Bain. J. Barriers to New Competition. Havard：Havard University Press. 1958，179 - 183.

Banterle，A.，Stranieri，S. The consequences of voluntary traceability system for supply chain relationships：An application of transaction cost economics. Food Policy，2008，33 (2)，560 - 569.

Banterle，A.，Stranieri，S.，&Baldi L. Voluntary traceability and transaction costs：an empirical analysis in the Italian meat processing supply chain. Bonn Germany：the 99th European Seminar of the EAAE：Trust and Risk in Business Networks，2006，18 - 30

Becker，G. S. Animal Identification and Meat Traceability. CRS Report for Congress. Congressional Research Service，Library of Congress，2007.

Bertolini，M.，Bevilacqua，M.，& Massini，R. FMECA Approach to Product Traceability in the Food Industry. Food Control，2006，17 (2)，

137 - 45.

Bevilacqua, M., Ciarapica, F. E., &Giacchetta, G. Business process re-engineering of a supply chain and a traceability system: A case study. Journal of Food Engineering, 2009, 93 (4), 13 - 22.

Blancou, J. A History of the Traceability of Animals and Animal Products. Scientific and Technical Review, 2001, 20 (2), 420 - 425.

Bollen, A. F., Riden, C. P., & Cox, N. R. Agricultural Supply System Traceability, Part I: Role of Packing Procedures and Effects of Fruit Mixing. Biosystems Engineering, 2007, 98 (4), 391 - 400.

Bracken, J., & Matthews, G. Beef Traceability Case Study. GS1 Ireland. http: //www. discoverrfid. org/fileadmin/user _ upload/pdf/GS1 _ Beef _ traceability. pdf, 2005. 03. 23/2012 - 05 - 15.

Brester, G. W., Marsh, J. M., & Atwood, J. A. Distributional Impacts of Country-Of-Origin Labeling In the U. S. Meat Industry. Journal of Agricultural And Resource Economics, 2004, 29 (2), 206 - 227.

Bulut, H., & Lawrence, J. D. Meat Slaughter And Processing Plants' Traceability Levels Evidence From Iowa. United State: Proceedings of the NCCC - 134 Conference on Applied Commodity Price Analysis, forecasting, and Market Risk Management, 2007, 1764 - 1793.

Buhr, B. L. Traceability and Information Technology in the Meat Supply Chain: Implications for Firm Organization and Market Structure. Journal of Food Distribution Research, 2003, 34 (3), 13 - 26.

Buhr, B. L., Brian, C. 2003. Traceability, Trade and COOL: Lessons from the EU Meat and Poultry Industry. International Agricultural Trade Research Consortium, Working Paper, 2003, 1, 3 - 5.

Can-Trace. Canadian Food Traceability Data Standard Version 2. 0. Can-Trace, Ottawa: Agriculture and Agri-Food Canada, 2006.

Caswell, J. A. Valuing the benefits and costs of improved food safety and nutrition. Australian Journal of Agricultural and Resource Economics, 1998,

42 (4), 409 - 424.

Caswell, J. A. Quality assurance, information tracking, and consumer labeling. Marine Pollution Bulletin, 2006, 53 (4): 650 - 656.

Caswell, J. A., Bredahl, M. E., &Hooker, N. H. How quality management metasystems are affecting the food industry. Review of Agricultural Economics, 1998, 20 (2), 547 - 557.

Caswell, J. A., &Mojduszka, C. Using Informational Labeling to Influence the Market for Quality in Food Products. American Journal of Agricultural Economics, 1996, 78, 1248 - 1253.

Caswell, J. A., Ning, Y., Liu, F. & Mojduszka, E. M. The Impact of New Labeling Regulations on the Use of Voluntary Nutrient-Content and Health Claims by Food Manufacturers. Journal of Public Policy & Marketing, 2003, 22 (2), 147 - 158.

Charlier, C., Valceschini, E. Coordination for traceability in the food chain. A critical appraisal of European regulation. European Journal of Law and Economics, 2008, 25 (8), 1 - 15.

Chryssochoidis, G., Karagiannaki, A., Pramatari, K., &Kehagia, O. A cost-benefit evaluation framework of an electronic-based traceability system. British Food Journal, 2009, 116 (6), 565 - 582.

Checketts, L. T. Two-Step Tracking, Traceability, Or BSE Testing: Which Do United States Beef Consumers Prefer? Thesis of Master, Utah State University, 2006.

Cheek, P. Factors impacting the acceptance of traceability in the food supply chain in the United States of America. Review of Science and Technology, 2006, 25 (1), 313 - 319.

Chryssochoidis, G., Karagiannaki, A., Pramatari, K., &Kehagia, O. A. cost-benefit evaluation framework of an electronic-based traceability system. British Food Journal, 2009, 111 (6), 565 - 582.

Clemens, R. Meat Traceability and Consumer Assurance in Japan. MATRIC

Briefing Paper 03 - MBP 5, Center for Agricultural and Rural Development (CARD) At Iowa State University, 2003.

Clemens, R., & Babcock, B. A. Why Can't U. S. Beef Compete in the European Union? MATRIC Briefing Paper 02 - MBP 4, Iowa State University, Department of Economics, Staff General Research Papers, 2002.

Coast, R. H. The nature of the firm. Economica, 1937, 4 (16), 386 - 405.

Cox, A., Chicksand, D., & Yang, T. The Proactive Alignment of Sourcing With Marketing and Branding Strategies: a Food Service Case. Supply Chain Management: an International Journal, 2007, 12 (5), 321 - 333.

Davies, C. Preparing for New EU Traceability Laws. Supply Chain Europe, 2004, 13 (5), 24 - 26.

Dessureault, S. An Assessment of the Business Value of Traceability in the Canadian Dairy Processing Industry. MSc thesis, University of Guelph, 2006.

Dickinson, D., &Bailey, D. V. Willingness-To-Pay for Information: Experimental Evidence on Product Traceability from the U. S. A., Canada, the U. K., and Japan. ERI # 2003 - 12, Department of Economics, Utah State University, 2003.

Dickinson, D. L., Hobbs, J. E., & Bailey, D. A Comparison of US and Canadian Consumers' Willingness to Pay for Red-Meat Traceability. Montreal, Canada: American Agricultural Economics Association Annual Meetings, 2003, 1137 - 1172.

Disney, W. T., Green, J. W., Forsythe, K. W., Wiemers, J. F., & Weber, S. Benefit-Cost Analysis of Animal Identification for Disease Prevention and Control. Scientific and Technical Review, 2001, 20 (2), 385 - 405.

ECR Europe. ECR-Using Traceability in the Supply Chain to Meet Consumer Safety Expectations. ECR (Efficient Consumer Response) Europe, 2004, 1, 33 - 50.

Elickson, R. C. A hypothesis of wealth-maximizing norms: Evidence from the whaling industry. Journal of Law, Economics, & Organization, 1989, 5 (1), 83 - 97.

Erramilli, M. K, &Rao, C. P. Service Firms' International Entry-Mode Choice: A Modified Transaction-Cost Analysis Approach. Journal of Marketing, 1993, 57 (7), 19 - 38.

European Parliament and the Council of the European Union. Regulation (EC) No178/2002 of the European Parliament and of the Council of 28 January 2002 Laying Down the General Principles and Requirements of Food Law, Establishing the EuropeanFood Safety Authority and Laying Down Procedures in Matters of Food Safety. Official Journal of the European Communities, 2002, 31 (1), 1 - 72.

Fallon, M. Traceability of Poultry and Poultry Products. Scientific and Technical Review, 2001, 20 (2), 538 - 546.

Farm Foundation. Food Traceability and Assurance in the Global Food System: Farm Foundation's Traceability and Assurance Panel Report. Oak Brook, Illinois: Farm Foundation, 2004, 1 - 147.

Fearne, A. The Evolution of Partnerships in the Meat Supply Chain: Insights from the British Beef Industry. Supply Chain Management, 1998, 3 (4), 214 - 231.

Fearne, A., & Hughes, D. Success Factors in the Fresh Produce Supply Chain: Insights From the UK. British Food Journal, 2000, 102 (10), 760 - 772.

Folinas, D., Ianikas, I., & Manos, B. Traceability Data Management for Food Chains. British Food Journal, 2006, 108 (8), 622 - 633.

Forrester, J. W. Industrial Dynamics: A Major Breakthrough for Decision Makers. Harvard Business Review, 1961, 36 (4): 37 - 66.

Frank, S. D., Henderson, D. R.. Transaction cost as determinants of vertical coordination in the U. S. food industries. American Journey of Agricultural Economics，1992，10 (3)，941-950.

Gardner Pinfold Consulting Economists Limited. Costs of Traceability in Canada：Developing a Measurement Model. Ottawa，Canada：Agriculture and Agri-Food Canada，2007，1-77.

Golan，E. H，Krissoff，B.，& Kuchler，F. Traceability for Food Marketing & Food Safety：What's the Next Step? Agricultural Outlook，2002，1，21-25.

Golan， E. H.， Krissoff， B.， Kuchler， F. Food Traceability. Amber Waves，2004，2 (2)，14-14.

Golan，E. H.，Krissoff，B.，&Kuchler，F. Food Traceability：One Ingredient in a Safe and Efficient Food Supply. Prepared Foods，2005，174 (1)，59-70.

Golan，E. H，Krissoff，B.，Kuchler，F.，Calvin，L.，Nelson，K.，& Price，G. Traceability in the U. S. Food Supply：Economic theory and Industry Studies. Agricultural Economic Report，Economic Research Service，United States Department of Agriculture，2004.

Golan，E. H.，Krissoff，B.，Kuchler，F.，Nelson. K.，Gregory，P.，& Calvin，L. Traceability for Food Safety and Quality Assurance：Mandatory Systems Miss the Mark. Current Agriculture，Food，and Resource Issues，2003，4，27-35.

Golan，E. H.，Krissoff，B.，Kuchler，F.，Nelson，K.，Gregory. P，& Calvin，L. Traceability in the US Food Supply：Dead End Or Superhighway? Choices：the Magazine of Food，Farm & Resource Issues，2003，18 (2)，17-20.

Golan，E. H.， Stephen， J. V.， Frenzen， P. D.， & Katherine L. R.. Tracing the Costs and Benefits of Improvements in Food Safety：the Case of the Hazard Analysis and Critical Control Point Program for Meat and Poultry. Agricultural Economic Report. (NO. 791)，United States Department of Agriculture，Economic Research Service. 2000.

Golan, E. H., Vogel, S. J., Frenzen, P. D., & Ralston, K. L. Tracing the Costs and Benefits of Improvements in Food Safety: the Case of the Hazard Analysis andCritical Control Point Program for Meat and Poultry. Agricultural Economic Report Number 791, United States Department of Agriculture, Economic Research Service, 2000.

Goldsmith, P. Traceability and Identity Preservation Policy: Private Initiatives vs. Public Intervention. Washington, DC: American Agricultural Economics Association. 25－25.

Gracia, A., & Zeballos, G. Attitudes of Retailers and Consumers toward the EU Traceability and Labeling System for Beef. Journal of Food Distribution Research, 2005, 36 (3), 45－56.

Grossman, S. J. The informational role of warranties and private disclosure about product quality. Journal of Law and Economics, 1981, 24 (3), 461－483.

Grossman, S. J., & Hart, O. D. An Analysis of the Principal-Agent Problem. Econometrica, 1983, 51 (3), 7－46.

Hanselka, D. D. Economic Impact of Country-Of-Origin Labeling in the U. S. Beef Industry. MSc thesis, Texas A&M University, 2004.

Hatanaka, M., Bain, C., &Busch, L., Third-party certification in the global agrifood system. Food Policy, 2005, 30 (3), 354－369.

Haubrich, J. G. Risk Aversion, Performance Pay, and the Principal-Agent Problem. Journal of Political Economy, 1994, 102 (9), 258－276.

Hennessy, D. A. Information Asymmetry asa Reason for Food Industry Vertical Integra-tion. American Journal of Agricultural Economics, 1996, 78 (3): 1034－1043.

Henson, S., Reardon, T. Private agri-food standards: Implications for food policy and the agri-food system, Food Policy, 2005, 30 (5), 241－253.

Henson, S., &Hooker, N. H. Private sector management of food safety: public regulation and the role of private controls, International Food and

Management Review, 2001, 4, 7-17.

Hobbs, J. E. A Transaction Cost Analysis of Quality, Traceability and Animal Welfare Issues in UK Beef Retailing. British Food Journal, 1996, 98 (6), 16-26.

Hobbs, J. E. Transaction Costs and Slaughter Cattle Procurement: Processors' Selection of Supply Channels. Agribusiness, 1996, 12 (6), 509-509.

Hobbs, J. E. Consumer Demand for Traceability. International Agricultural Trade and Research Consortium Annual Meeting, 2003.

Hobbs, J. E. Traceability in Meat Supply Chains. Current Agricultural, Food, and Resource Issues, 2003, 4, 6-49.

Hobbs, J. E. Information Asymmetry and the Role of Traceability Systems. Agribusiness, 2004, 20 (4), 397-415.

Hobbs, J. E. Traceability in the Canadian Red Meat Sector. Performance Report, Agriculture and Agri-Food Canada, 2004.

Hobbs, J. E. Traceability in the Agri-Food Sector: Issues, Insights and Implications. Perspectives in Agriculture, Veterinary Science, Nutrition and Natural Resources, 2006, 1 (29), 213-225.

Hobbs, J. E., Bailey, D., Dickinson, D. L., & Morteza, H. Traceability in the Canadian Red Meat Sector: Do Consumers Care? Canadian Journal of Agricultural Economics, 2005, 53 (1), 47-65.

Hobbs, J. E., & Kerr, W. A. Consumer Information, Labelling and International Trade in Agri-Food Products. Food Policy, 2006, 31 (1), 78-89.

Hobbs, J. E., & Sanderson, K. Traceability and Quality Verification in the Canadian Beef Industry: Where to From Here? Journal of Food Distribution Research, 2007, 38 (1), 75-80.

Hobbs, J. E., Yeung, M. T., & Kerr, W. A. Identification and Analysis of the Current and Potential Benefits of a National Livestock Traceability

System in Canada. Agriculture and Agri-Food Canada，2007，34（7）：124－137.

Hobbs，J. E.，& Young，L. M. Colser vertical co-ordination in agri-food supply chain：a conceptual framework and some preliminary evidence. Supply Chain Management：A International Journal，2000，5（3），131－142.

Hooker，N. H.，Nayga，R. M.，& Siebert，J. W. Assessing the Economics of Food Safety Activities：Studies of Beef Slaughter and Meat Processing. Faculty Paper Series，Texas A&M University，1999.

Jones，E.，Arsen P.，Gonzalez-Diaz，F.，& Bolotova，Y. Traceability and Assurance Protocols in the Global Food System. International Food and Agribusiness Management Review，2004，7（3），118－126.

Jones，P.，Clarke-Hill，C.，Daphne，C.，Hillier，D.，& Shears，P. Radio Frequency Identification and Food Retailing in the UK. British Food Journal，2005，107（6），356－360.

Jonge，D.，Janneke，K.，Frewer，L.，Trijp，H. V.，Renes，R. J.，Willem，D. W.，& Timmers，J. Monitoring Consumer Confidence in Food Safety：an Exploratory Study. British Food Journal，2004，106（10），837－849.

Jonge，D.，Janneke，K.，Trijp，H. V.，Goddard，E.，& Frewer，L. ConsumerConfidence in the Safety of Food in Canada and the Netherlands：the Validation of a Generic Framework. Food Quality and Preference，2008，19（5），439－451.

Joskow，P. L. Contract Duration and Relationship-Specific Investments：Empirical Evidence from Coal Markets. The American Economic Review，1987，77（1），168－185.

Karkkainen，M. Increasing Efficiency in the Supply Chain for Short Shelf Life Goods Using RFID Tagging. International Journal of Retail & Distribution Management，2003，31（10），529－536.

Karlsen，K. M.，Olsen，P.，Donnelly，K. A.. Implementing traceability: practical challenges at a mineral water bottling plant，2010，112（2），187-197.

Kees，D. Tracking and Tracing：a structure for development and contemporary practices. Logistics Information Management，2002，15（1），24-33.

Kehagia，O.，Polymeros，C.，George，C.，Athanassios，K.，& Michalis，L. European Consumers? Perceptions，Definitions and Expectations of Traceability and the Importance of Labels，and the Differences in thesePerceptions By Product Type. Sociologia Ruralis，2007，47（4），400-416.

Kelepouris，T.，Katerina，P.，& Doukidis，G. RFID-Enabled Traceability in the Food Supply Chain. Industrial Management & Data Systems，2007，107（2），183-200.

King，R. P.，Backusb，B. C.，Gaag，M. Incentive systems for food quality control with repeated deliveries：Salmonella control in pork production. European Review of Agricultural Economics，2007，34（1）：81-104.

Klein，B.，&Kevin，M. M. Vertical Restraints as contract enforcement mechanisms. Journal of Law and Economics，1988，31（2），265-297.

Latouche，A.，Rainelli，H. &Vermersch，F.：Food safety issues and the BSE scare：some lesson from the French case. Food Policy，1998，23（5），347-356.

Lawrence，J. D. Quality Assurance Down Under：Market Access and Product Differentiation. MATRIC Briefing Paper 02-MBP 1，Midwest Agribusiness Trade Research and Information Center，Iowa State University，2002.

Leat，P.，Marr，P.，&Ritchie，C. Quality Assurance and Traceability-the Scottish Agri-Food Industry's Quest for Competitive Advantage. Supply Chain Management，1998，3（3），115-117.

Lee, H. L, Kut, C., &Christopher, S. T. The Value of Information Sharing in a Two-Level Supply Chain, 2000, 46 (5), 626-643.

Liddell, S., & Bailey, D. V. Market Opportunities and Threats to the U. S. Pork Industry Posed By Traceability Systems. International Food and Agribusiness Management Review, 2001, 4 (3), 287-302.

Li, S. H., Lin, B. H. Acessing information sharing and information quality in supply chain management. Decision Supprot System, 2006, 42, 1641-1656.

Lindgreen, A., & Hingley, M. The Impact of Food Safety and Animal Welfare Policies On Supply Chain Management: the Case of the Tesco Meat Supply Chain. British Food Journal, 2003, 105 (6), 328-49.

Loader, R. T., &Hobbs, J. E. the Hidden Costs and Benefits of BSE. British Food Journal, 1996, 98 (11), 26-26.

Loureiro, M. L., & Umberger, W. J. A Choice Experiment Model for Beef: What US Consumer Responses Tell Us About Relative Preferences for Food Safety, Country-Of-Origin Labeling and Traceability. Food Policy, 2007, 32 (4), 496-514.

Mai, N., Bogason, S. G., Arason, S., Sveinn, V. A., Matthiasson, T. G. Benefits of traceability in fish supply chains-case studies [J]. British Food Journal, 2010, 112 (9), 976-1002.

Manning, L. Food Safety and Brand Equity. British Food Journal, 2007, 109 (7), 496-510.

Manning, L, & Baines, R. N. Effective Management of Food Safety and Quality. British Food Journal, 2004, 106 (8), 598-606.

Manning, L, Baines, R. N., &Chadd, S. Deliberate Contamination of the Food Supply Chain. British Food Journal, 2005, 107 (4), 225-245.

Manning, L, Baines, R. N., &Chadd, S. Quality Assurance Models in the Food Supply Chain. British Food Journal, 2006, 108 (2): 91-104.

Manning, L, Baines, R. N., &Chadd, S. Trends in the Global Poultry

Meat Supply Chain. British Food Journal，2007，109（5），332－342.

Manning，L，Robert，M. Marketing Strategies and Producer Partnerships in the Beef Industry. Royal Agricultural Society of England，2003，164，1－9.

Martin，H. Relationship Management in the Supply Chain. The International Journal of Logistics Management，2001，12（2），57－71.

Martin，L.，Grier，K.，&Dessureault，S. Evolution of the North American Beef Industry. George Morris Centre，Agriculture and Agri-Food Canada，2004.

Marvin. B. L. Determinants of Vertical Integration：An Empirical Test. Journal of Industrial Economics，1991，39（5），451－466.

Mas-Collel，A.，Whinston，M. D.，& Green，J. R. Microeconomic Theory. New York：Oxford University Press，1996，439－445.

Mason-Jones，R.，&Towill，D. R. Information enrichment：designing the supply chain for competitive advantage. Supply Chain Management：An International Journal，1997，2（4）：137－148.

Masten，S. E. The Organization of Production：Evidence from the Aerospace Industry. Journal of Law and Economics，1984，27（5），403－417.

Masten，S. E.，&Crocker，K. J. Efficient Adaptation in Long-Term Contracts：Take-or-Pay Provisions for Natural Gas. American Economic Review，1985,，75（3），1083－1093.

Masten，S. E，Meehan，J. W.，& Snyder，E. A. The Costs of Organization. Journal of Law，Economics，& Organization，1991，7（1），1－25.

Matthias，H，Thorsten，H. H.，&Theuvsen，L. Agribusiness Firm Reactions to Regulations：The Case of Investments in Traceability Systems. Austria：the 3rd International European Forum on 'System Dynamics and Innovation in Food Networks'，2009，16－20.

Maurizio，C.，Roberta，C.，Martin，H.，&Roberta，S. Traceability as part of competitive strategy in the fruit supply chain. British Food Journal，

2010, 112 (2), 171-186.

McEvoy, D. M., & Souza-Monteiro, D. M. Can an industry voluntary agreement on food traceability minimize the cost of food safety incidents. Gent, Belgium: Congress of the European Association of Agricultural Economics Association, 2008, 372-386.

Mckean, J. D. The Importance of Traceability for Public Health and Consumer Protection. Scientific and Technical Review, 2001, 20 (2), 363-371.

Mènard, C., Valceschini, E. New institutions for governing the agri-food industry. European Review of Agricultural Economics, 2005, 32 (3), 421-440.

Meuwissen, M. P. M., Velthuis, A. G. J., Hogeveen, H., & Huirne, R. B. M. Traceability and Certification in Meat Supply Chains. Journal of Agribusiness, 2003, 21 (2), 167-181.

Mitic, M. The Global Traceability Standard. Food & Beverage International, 2006, 37 (1), 32-32.

Moe, T. Perspectives On Traceability in Food Manufacture. Trends in Food Science & Technology, 1998, 9 (5), 211-214.

Monteverde, K. & Teece, D. J. Supplier Switching Costs and Vertical Integration in the Automobile Industry. The Bell Journal of Economics, 1982, 13 (1), 206-213.

Mousavi, A, Sarhadi, M., Lenk, A., & Fawcett, S. Tracking and Traceability in the Meat Processing Industry: a Solution. British Food Journal, 2002, 104 (1), 7-19.

Mus, M. Traceability System Approaches and Cost Analysis for the Beef Industry. Master of Arts in Economics, Washington State University, 2006.

Narrod, C., Roy, H., Okello, M., Avendano, L., Rich, N., & Thorat, K. Public-private partnerships and collective action in high value fruit and vegetable supply chains. Food Policy, 2009, 34 (7): 8-15.

Nelson, P. Advertising as information. Journal of Political Economy, 1974,

81 (3), 729 - 754.

Nicole J. O. , Christopher, A. W. Aligning Incentives for Contract Dairy Heifer Growth. Journal of Agricultural and Resource Economics, 2010, 35 (3): 489 - 502.

North, D. C. , &Wieingast, B. R. Constitutions and Commitment: The Evolution of Institutions Governing Pubilic Choice In Seventeenth-Century England. Journal of Economic History, 1989, 49, 803 - 832.

Palay, T. M. Comparative institutional economics: The governance of rail freight contracting. The Journal of Legal Studies. 1984, 13 (2), 265 - 287.

Pape, W. R. , Jorgenson, B. , Larson, D. , & Boyle, R. Is Traceability Too Expensive? Food Traceability Report, 2003, 2, 16 - 17.

Peterson, A. Status of Food Traceability in the European Union (EU) and United States of America (US), With Special Emphasis On Seafood and Fishery Products, 2004.

Pettitt, R. G. . Traceability in the Food Animal Industry and Supermarket Chains. Scientific and Technical Review, 2001, 20 (2), 584 - 597.

Pirrong, S. C. Contracting Practices in Bulk Shipping Markets: A Transactions Cost Explanation. Journal of Law and Economics, 1993, (36) 2, 937 - 976.

Popper, D. E. Traceability: Tracking and Privacy in the Food System. Geographical Review, 2007, 97 (3), 365 - 388.

Porter, M. E. The Structure within Industries and Companies' Performance. The Review of Economics and Statistics, 1979, 61 (2), 214 - 227.

Porter, M. E. Technology and Competitive Advantage. Journal of Business Strategy, 1985, 5 (3), 60 - 78.

Pouliot, S. , & Sumner, D. A. Traceability, Liability, and Incentives for Food Safety and Quality. American Journal of Agricultural Economics, 2008, 90 (1), 15 - 27.

Prendergast. C. The Provision of Incentivesin Firms. Journal of Economic Literature，1999，37（2），7－63.

Regattieri，A.，Gamberi，M.，& Manzini，R. Traceability of Food Products：General Framework and Experimental Evidence. Journal of Food Engineering，2007，81（2），347－356.

Resende-Filho，M. A. Essays on Economics of Cattle and Beef Traceability. PhD Dissertation，University of Minnesota，2006.

Resende-Filho，M. A.，&Buhr，B. L. A Principal-Agent model for evaluating the economics value of a traceability system：a case study with injection-site lesion control in fed cattle. American Journal of Agricultural Economics，2008，4，1091－1102.

Riden，C. P.，& Bollen，A. F. Agricultural Supply System Traceability，Part II：Implications of Packhouse Processing Transformations. Biosystems Engineering，2007，98（4），401－410.

Ritson，C. & Li，W. M. The economics of food safety. Nutrition & Food Science，1998，37（5），253－259.

Sahin，F.，&Robbins，E. P. Flow coordination and information sharing in supply chains：Review，Inplications，and Direction for future research. Decision Science，2002，33（4），505－536.

Sanderson，K.，& Hobbs，J. E. Traceability and Process Verification in the Canadian Beef Industry，Department of Agricultural Economics，University of Saskatchewan，2006.

Schermerhorn，J. R. Information Sharing as An Interorganizational Activity. Academy of Management Journal，1977，20（1），148－153.

Schofield，G. EU Regulation of Genetically Modified Organisms：Food and Feed，Traceability and Labelling. Journal of Commercial Biotechnology，2002，9（1），27－27.

Senneset，G.，Eskil foras，& Kari，M. F. Challenges Regarding Implementation of Electronic Chain Traceability. British Food Journal，2007，109

(10), 805 - 818.

Shapiro, C. Premiums for High Quality Products as Returns to Reput ations, Quarterly Journal of Economics, 1983, 98 (1): 659 - 679.

Simpson, B., Muggoch, A., &leat, P. Quality Assurance in Scotland's Beef and Lamb Sector. Supply Chain Management: an International Journal, 1998, 3 (3), 118 - 122.

Skjoett-Larsen, T., Thernøe, C., Andresen, C. Supply chain collaboration: Theoretical perspectives and empirical evidence. International Journal of Physical Distribution & Logistics Management, 2003, 33 (6), 531 - 549.

Smith, G. C., Belk, K. E., Scanga, J. A., Sofos, J. N., & Tatum, J. D. Traceback, Traceability, and Source Verification in the U. S. Beef Industry. Department of Animal Sciences Research Report, Colorado State University, 2000.

Smith, G. C., & Saunders, L. International Identification, Traceability, and Verification: the Key Drivers and the Impact on the Global Food Industry. International Livestock Congress: Connections-Exploring Traceability and What It Means to the Beef Industry, 2005.

Smith, G. C., Tatum, J. D., Belk, K. E., Scanga, J. A., Grandin, T., & Sofos, J. N. Traceability from a US Perspective: 51st International Congress of Meat Science andTechnology (Icomst). Meat Science, 2005, 71 (1), 174 - 193.

Smyth, S., & Phillips, W. B. Product Differentiation Alternatives: Identity Preservation, Segregation, and Traceability. Journal of Agrobiotechnology Management & Economics, 2002, 5, 30 - 42.

Souza-Monteiro, D., & Caswell, J. A. The Economics of Implementing Traceability in Beef Supply Chains: Trends in Major Producing and Trading Countries. Amherst Working Paper, 2004, 6, 1 - 32.

Souza-Monteiro, D. M., & Caswell, J. A. Traceability adoption at the farm level：An empirical analysis of the Portuguese pear industry. Food Policy，2009，34，94-101.

Souza Monteiro，D. M.，&Caswell，J. A. Optimal choice of Voluntary traceability as a food risk management tool. Gent，Belgium：European Association of Agricultural Economists，2008，1-6.

Souza-Monteiro，D.，&Caswell，J. A. The Economics of Voluntary Traceability in Multi-Ingredient Food Chains. Agribusiness，2010，26（1），122-142.

Sparling，D. H.，& Sterling，B. T. Food Traceability：Understanding the Business Value. Food Policy，2005，38（2），33-42.

Sparling，David，Henson，S.，Dessureault，S.，& Herath，D. Costs and Benefits of Traceability in the Canadian Dairy-Processing Sector. Journal of Food Distribution Research，2006，37（1），154-60.

Spriggs，J.，Hobbs，J. E.，& Fearne，A. Beef Producer Attitudes to Coordination and Quality Assurance in Canada and the UK. International Food and Agribusiness Management Review，2000，3，5-109.

Starbird，S. A.，&Amanor-Boadu，V. Do Inspection and Traceability Provide Incentives for Food Safety? Journal of Agricultural and Resource Economics，2006，3l（1）：14-26.

Sylvia，T. M.，& Morrissey，M. T. Seafood traceability in the United States：Current trends，system design，and potential applications. Comprehensive Review in Food Science and Food Safety，2005，（1），1-7.

Trautman，D.，Goddard，E.，&Nilsson，T. Traceability-a literature review. Project Report of University of Alberta，2008，6，1-148.

Velthuis，A. G. J.，Meuwissen，M，& Huirne，R. B. M. Distribution of direct recall costs along the milk chain. Agribusiness，2009，25（4），466-479.

Velthuis，A. G. J.，Unnevehr，L. J.，Hogeveen，H. & Huirne，R. B. M.

New Approaches to Food-Safety Economics. The Netherlands: Kluwer Academic Pulishers. 2003, 41 - 62.

Wang, C., & Bravo, J. Traceability in the U. S. Food Supply: An Application of Transaction Cost Analysis. Denver, Colorado: Agricultural & Applied Economics Association, 2010, 1 - 29.

Ward, R., Bailey, D., & Jensen, R. an American BSE Crisis: Has It Affected the Value of Traceability and Country-Of-Origin Certifications for US and Canadian Beef? International Food and Agribusiness Management Review, 2005, 8 (2), 92 - 114.

Wiemers, J. F. Animal Identification and Traceability: Protecting the National Herd. U. S. Department of Agriculture, Agricultural Outlook forum, 2003.

Williamson, O. E. The vertical integration of production: market failure considerations. The American Economic Review, 1971, 61 (2), 112 - 123.

Williamson, O. E. Markets and Hierarchies. New York: The Free Press, 1975, 331 - 332.

Williamson, O. E. Transaction cost economics: the governance of contractual relations. Journal of Law and Economics, 1979, 22 (2), 233 - 261.

Williamson, O. E. Credible commitments: using hostages to support exchange. American Economic Review, 1983, 73 (4), 519 - 540.

Williamson, O. E. The Economic Institutions of Capitalism. New York: The Free Press, 1985, 37 - 42.

Williamson, O. E. The vertical integration of production: market failure considerations. American Economic Review. 1985, 76 (3), 39 - 57.

Williamson, O. E. Economic Organization: Firms, Markets and Policy Control. New York: NewYork University Press, 1986, 1 - 5.

Williamson, O. E. The Economics of Organization: The Transaction Cost Approach. American Journal of Soci-ology, 1987, 79 (3), 548 - 577.

Williamson, A, Rogerson, J. H., & Vella, D. Quality System Auditors'

Attitudes and Methods: a Survey. International Journal of Quality & Reliability Management, 1996, 13 (8), 39 - 52.

Young, L. M., & Hobbs, J. E. Vertical Linkages in Agri-Food Supply Chains: Changing Roles for Producers, Commodity Groups, and Governmental Policy. Review of Agricultural Economics, 2002, 24 (2), 428 - 441.

附录

猪肉加工企业质量安全可追溯行为及绩效的调查问卷①

问　卷　编　号：__________　被调查者职位：__________
被调查者联系方式：__________　调　查　时　间：__________
调　查　地　点：__________　（省／市／县）__________

第一部分　企业基本信息

1. 贵企业的名称为__________________，所在地________，成立时间为____________，注册资本________万元，固定资产总额为____________万元，年销售额________万元，主要经营的业务范围为（可多选）________

A. 生猪代宰　　B. 白条肉生产与销售
C. 冷鲜肉生产与销售　　D. 猪肉制品加工
E. 其他（请注明）________

各业务之间的比例为________，年生产量折合猪只________万头。

贵企业所拥有固定资产的专用性程度是________

① 本问卷为教育部人文社会科学重点研究基地重大项目“农产品质量安全追溯体系建设研究”和国家自然科学基金“基于环境协调发展框架下农产品质量安全管理长效机制研究”所使用的调查问卷。

A. 1　　B. 2　　C. 3　　D. 4　　E. 5

(其中“1”代表没有专用性，固定资产可以很容易的转为其他用途；“5”代表专用性程度很强，固定资产不可能转为其他用途，“2、3、4”所代表的专用性程度位于其中，且依次增强)

2. 贵企业的所有制结构是________

A. 国有　　B. 集体　　C. 民营　　D. 合资　　E. 其他

3. 贵企业取得了以下哪一类资质________

A. 国家级龙头企业　　B. 省级龙头企业

C. 市级龙头企业　　D. 其他

4. 贵企业的业务性质为________

A. 出口　　B. 内销　　C. 两者兼有（出口与内销的比例大致是________）

内销业务中，产品主要销往________

A. 本地　　B. 外地　　C. 两者兼有。

若有产品销往外地，其目的地主要为（可多选）________

A. 一线城市（请注明）________ B. 二线城市（请注明）________ C. 除一、二线城市外的经济发达地区（请注明）________ D. 除一、二线城市外的经济欠发达地区（请注明）________ E. 其他地区（请注明）________

出口业务中，产品主要销往哪些国家________（请填写）

贵企业为产品所构建销售渠道的专用性程度是________

A. 1　　B. 2　　C. 3　　D. 4　　E. 5

(其中“1”代表没有专用性，销售渠道可以很容易的转为其他用途；“5”代表专用性程度很强，销售渠道不可能转为其他用途，“2、3、4”所代表的专用性程度位于其中，且依次增强)

5. 贵企业领导人的受教育程度为________，领导人的年龄为

________岁；员工总人数为________人，其中：管理人员数________人，技术人员数________人；职工文化程度为：初中及以下________人，高中及中专________人，大专及以上________人。

贵企业在运作过程中所积累的各项知识和技能（如生产、销售、内部管理等）的专用性程度是________

A. 1　B. 2　C. 3　D. 4　E. 5

（其中“1”代表没有专用性，这些技能可以很容易的转为其他用途；“5”代表专用性程度很强，这些技能不可能转为其他用途，“2、3、4”所代表的专用性程度位于其中，且依次增强）

6. 贵企业销售的产品是否有自主品牌________

A. 是（请列出品牌名称______________________）　B. 否

若选“是”，它现在是：________

A. 市级名牌　B. 省级名牌　C. 国家级名牌　D. 其他

贵企业品牌的专用性程度是________

A. 1　B. 2　C. 3　D. 4　E. 5

（其中“1”代表没有专用性，品牌可以很容易的转为其他用途；“5”代表专用性程度很强，品牌不可能转为其他用途，“2、3、4”所代表的专用性程度位于其中，且依次增强）

7. 贵企业最初实施追溯系统的时间为________年________月

8. 贵企业在目标市场上的竞争对手有________个。

第二部分　交易状况

1. 根据贵企业所经营的业务情况，请选填以下内容：

（1）若贵企业有生猪代宰业务，代宰的生猪中来自本地（本市）的比例为________%，来自外埠的比例为________%；外埠生猪主要来自于哪些地区：______________________；在代宰的本地生猪中，直接来自农户的比例为________%，来自生猪经纪人（包括猪贩子）或猪肉批发行的比例为________%；在外埠生猪中，直接来自农户的比例为________%，来自生猪经纪人（包括猪贩子）或猪肉批发行的比例为________%。

（2）若贵企业有白条肉生产与销售业务，所购进的生猪中来自本地（本市）的比例为________%，来自外埠的比例为________%；外埠生猪主要来自于哪些地区：____________；在购进的本地生猪中，直接来自农户的比例为________%，来自生猪经纪人（包括猪贩子）或生猪批发行的比例为________%；在购进的外埠生猪中，直接来自农户的比例为________%，来自生猪经纪人（包括猪贩子）或生猪批发行的比例为________%。

（3）若贵企业有冷鲜肉生产与销售业务，所购进的生猪中来自本地（本市）的比例为________%，来自外埠的比例为________%；外埠生猪主要来自于哪些地区：____________；在购进的本地生猪中，直接来自农户的比例为________%，来自生猪经纪人（包括猪贩子）或生猪批发行的比例为________%；在购进的外埠生猪中，直接来自农户的比例为________%，来自生猪经纪人（包括猪贩子）或生猪批发行的比例为________%。

（4）若贵企业有猪肉制品加工业务，待加工的猪肉中自产的比例为________%，从本地定点屠宰企业购买的比例为________%，从超市中购买的比例为________%，从农贸市场购买的比例为________%，从外地猪肉定点屠宰企业购买的比例为________%，从其他途径购买的比例为________%。

2. 贵企业购买与猪肉有关的生产原料主要采用以下哪种交易形式（可多选）________

A. 原料来自于企业自产，已实现纵向一体化经营

B. 签订正式购买合同或协议

C. 口头协议

D. 无任何协议

3. 贵企业与上游供应商之间的关系________

A. 非常稳定，有固定的供应商并已合作多年

B. 较稳定

C. 一般

D. 较不稳定

E. 非常不稳定，经常更换供应商

4. 贵企业与上游供应商在合作过程中的信任情况________

A. 非常信任　　B. 较信任　　C. 一般

D. 较不信任　　E. 非常不信任

5. 贵企业在向供应商购买与猪肉有关生产原料时，是否明确提出有关质量安全的要求________

A. 是　　B. 否

6. 贵企业的产品销往超市的比例为________%，销往农产品批发市场的比例为________%，销往农贸市场的比例为________%，销往个体经营户的比例为________%，直接销往终端消费者的比例为________%，其他（请注明）________的比例分别为________%

7. 贵企业销售产品时主要采用以下哪种合约形式（可多选）________

A. 签订正式购买合同或协议

B. 口头协议

C. 无任何协议

8. 贵企业与下游的购买者间的关系________

A. 非常稳定，具有固定的购买者并已合作多年

B. 较稳定

C. 一般

D. 较不稳定

E. 非常不稳定，具有不固定的购买者

9. 贵企业与下游购买者在合作过程中的信任情况________

A. 非常信任　　B. 较信任　　C. 一般

D. 较不信任　　E. 非常不信任

10. 下游的购买者在购买贵企业的产品时是否明确提出有关质量安全的要求________

A. 是　　B. 否

11. 贵企业感知到当前消费者对于猪肉及其相关产品质量安全的关注情况为________

A. 非常关注　　B. 较关注　　C. 一般

D. 较不关注　　E. 非常不关注

12. 贵企业感知到当前政府对于猪肉及其相关产品质量安全监管力度为________

A. 监管力度非常强　　B. 监管力度较强　　C. 一般

D. 监管力度不强　　E. 基本没有监管

第三部分　企业质量安全可追溯建设情况

1. 贵企业是否通过了产品认证或质量安全管理体系认证：

________ A. 是　B. 否。如果是，通过了哪些认证（可多选）________________

A. 无公害产品认证　　B. 绿色产品认证
C. 有机产品认证　　D. ISO 系列
E. GAP　　F. GMP
G. HACCP　　H. QS
I. SSOP　　J. OHSAS
K. 其他（请注明）____________

2. 贵企业经营过程中是否应用了以下信息管理工具（可多选）____________

A. 条形码
B. 射频技术（RFID）
C. 基因（DNA）追溯技术
D. 企业资源计划（ERP）
E. 仓储管理系统（WMS）
F. 进销存系统
G. 其他（请注明）________________

3. 贵企业在购进生产原料时，一般会记录哪些内容（可多选）________

A. 进场日期　B. 进场数量　C. 进场批次
D. 供货方名称　E. 供货方地址　F. 供货方联系方式
G. 其他（请注明）________________

以上记录保存时间一般为________年

以上记录是否已实施电子化管理________ A. 是　B. 否

4. 根据贵企业所经营的业务情况，请填写（1）（2）其中之一或全部

(1) 若贵企业从事生猪屠宰、白条肉生产与销售或冷鲜肉生产与销售业务，生猪进场前会向畜主或贩销户索取的票证有（可多选）________

A.《动物产地检疫合格证明》

B.《出县境动物检疫合格证明》

C.《动物及动物产品运载工具消毒证明》

D.《口蹄疫非疫区证明》

E. 免疫耳标，抽检比例______%

F. 其他（请注明）__________

(2) 若贵企业从事猪肉制品加工，购生产原料时向供应商索取的票证有（可多选）：________

A. 原料肉检疫合格证明

B. 肉品品质合格证明

C. 运输工具消毒证明

D. 出口国（地区）官方兽医部门出具的检验检疫证明副本

E. 入境货物检验检疫证明

F. 辅料检验合格证

G. 其他（请注明）__________

5. 贵企业在生产过程中进行了下列哪些有关质量安全的检验项目（可多选）________

A. 兽药残留（如瘦肉精、抗生素等），抽检比例为________

B. 有害微生物，抽检比例为________

C. 人畜共患病（如口蹄疫等），抽检比例为________

D. 寄生虫（如旋毛虫、囊虫等），抽检比例为________

E. 重金属，抽检比例为________

F. 致病细菌（沙门氏菌、致病性大肠杆菌、金黄色葡萄球

菌和单核细胞增生性李斯特菌等），抽检比例为________

G. 农药残留，抽检比例为________

H. 其他（请注明）________，抽检比例为________

6. 贵企业在生产过程中，不同工序间质量安全信息的沟通状况为________（请选择以下数字，1 代表非常畅通，5 代表非常不畅通，其余选项介于其中）

A. 1　B. 2　C. 3　D. 4　E. 5

7. 贵企业在生产过程中，是否建立了标识系统________

A. 是　B. 否

8. 贵企业的产品出厂时会记录哪些内容（可多选）________

A. 出厂日期

B. 出厂数量

C. 出厂批次

D. 下游购买者名称

E. 下游购买者地址

F. 下游购买者联系方式

G. 其他（请注明）________________

出场记录保存时间一般为________年

以上记录是否已实施电子化管理________ A. 是　B. 否

9. 贵企业产品出厂时会出具哪些票证________

A. 肉品检疫合格证明

B. 肉品品质合格证明

C. 运输工具消毒证明

D. 肉制品质量检验合格证明

E. 肉制品卫生检验合格证

F. 其他（请注明）________________

10. 贵企业是否实施了政府无强制规定的检疫项目________

A. 是　B. 否。若选“是”，则这些检疫项目名称是________

11. 当发生食品安全问题时，贵企业在定位问题产品时通常可以精确到________

A. 无法准确定位，仅凭经验

B. 某个时间段内生产的多批次产品

C. 单一批次产品

D. 单个产品

12. 贵企业质量安全的追溯能力涉及________

A. 仅仅是与企业直接形成供求关系的上游供应商和下游购买者

B. 除A外，还涉及到供应链的更前端或更后端

13. 您认为政府或行业协会在帮助企业实施可追溯系统方面的作用________

A. 很大　B. 较大　C. 一般

D. 较小　E. 无作用

如果有作用，给予的帮助主要有（可多选）________

A. 资金支持　B. 技术指导　C. 政策支持

D. 其他（请注明）________

14. 您感知到的同行企业的质量安全管理水平如何________

A. 极高　B. 比较高　C. 一般

D. 较差　E. 极差

15. 贵企业的下游顾客是否提供可追溯方面的帮助________ A. 是，B. 否。若选“是”，则是下面哪些方面的帮助________

A. 技术支持　B. 资金支持　C. 专人指导培训

D. 其他（请注明）________

16. 您对“质量安全可追溯是企业的战略”的认同情况________（“1”表示非常不认同，“5”表示非常认同，“2、3、4”介于其中）

A. 1　　B. 2　　C. 3　　D. 4　　E. 5

第四部分　企业质量安全可追溯绩效情况

1. 贵企业为实施与可追溯制度有关的活动，所付出的直接成本主要体现在（可多选）________

A. 购买检测仪器，建设质检室。该项成本为________万元/年

B. 新增员工。新增员工年平均________人，单个员工工资________万元/年

C. 员工教育和培训。平均年举办培训________场，总支出为________万元/年

D. 外部咨询和顾问服务。总支出为________万元/年

E. 各类检测成本（除人工费和仪器费用外的成本）。总支出为________万元/年

F. 信息管理成本（记录、标识、采集、录入、查询的软硬件成本）。总支出为________万元/年

G. 销售成本（向市场推广产品具有追溯特征的广告费用）。总支出为________万元/年

H. 其他（请注明）________

2. 贵企业在建设追溯制度的过程中，以下哪些因素可能成为间接成本（可多选）________

A. 企业组织结构变动成本。货币化数值为________万元/年

B. 管理方式变革成本。货币化数值为________万元/年

C. 与供应链上其他部门的协调成本。货币化数值为________万元/年

D. 其他（请注明）________

3. 以下表格中列出了企业实施质量安全可追溯系统前后可能发生的变化，请对每一种变化情况进行评价（直接在数字上打钩，“1”表示变化不显著，“7”表示变化非常显著，其余数字位于其中）

指　标	变化程度						
交易错误的减少	1	2	3	4	5	6	7
更好的追踪和管理被退回的个体和物流资产	1	2	3	4	5	6	7
库存减少	1	2	3	4	5	6	7
问题产品快速精准召回	1	2	3	4	5	6	7
假冒伪劣产品减少	1	2	3	4	5	6	7
需求预期能力改善	1	2	3	4	5	6	7
由于误放和错误运输所引起损失减少	1	2	3	4	5	6	7
生产活动追踪能力改善	1	2	3	4	5	6	7
能正确地从供应链的所有节点进行接收和运送能力改善	1	2	3	4	5	6	7
资产可见性提高	1	2	3	4	5	6	7
生产控制力增强	1	2	3	4	5	6	7
产品质量提高	1	2	3	4	5	6	7
上下游合作伙伴之间的协作效率增强	1	2	3	4	5	6	7
对政府规制的完全履行能力的提高	1	2	3	4	5	6	7
顾客对产品信任度的提高	1	2	3	4	5	6	7
产品召回失败或延误时，企业声誉损失的避免能力改善	1	2	3	4	5	6	7
竞争优势的改善	1	2	3	4	5	6	7
企业决策效率的改善	1	2	3	4	5	6	7

4. 实施追溯系统后的情况：

（1）在实施了追溯系统后，产品的价格________

A. 上升了，上升百分比为________%

B. 下降了，下降百分比为________%

C. 没有变化

（2）在实施了追溯系统后，产品的销量________

A. 增加了，货币化数值为________万元/年

B. 减少了，货币化数值为________万元/年

C. 没有变化

（3）在实施了追溯系统后，内部生产管理效率________

A. 提高了，货币化数值为________万元/年

B. 降低了，货币化数值为________万元/年

C. 没有变化

（4）在实施了追溯系统后，企业处理产品质量安全事故的整体费用________

A. 提高了，货币化数值为________万元/年

B. 降低了，货币化数值为________万元/年

C. 没有变化

（5）在实施了可追溯性后，对树立产品品牌________

A. 有利，品牌资产提高了________%

B. 没有变化

C. 不利，品牌资产减少了________%

（6）在实施了追溯系统后，贵企业与供货方在获得互相有关买卖、产品特性、质量安全等方面的信息是否更容易________

A. 是　B. 否。交换信息的成本________

A. 有所降低　B. 没变化　C. 有所增加

(7) 在实施了追溯系统后，贵企业对客户的服务水平和服务能力________

A. 提高了（请简述）________________________

B. 降低了（请简述）________________________

C. 没有变化

5. 您认为实施可追溯系统对于贵企业而言：

(1) 从长期来看________

A. 回报大于付出　　B. 回报付出大体持平

C. 回报不及付出　　D. 不清楚

(2) 从短期来看________

A. 回报大于付出　　B. 回报付出大体持平

C. 回报不及付出　　D. 不清楚

6. 在企业实施可追溯系统方面，当前您最希望获得政府哪些方面的支持（限选 3 项）________

A. 提供技术培训和指导

B. 提供财政补贴等资金支持

C. 市场宣传和消费者教育

D. 加大市场整治力度，规范市场

E. 提供市场信息等服务

F. 其他（请注明）________

7. 您感知到政府对质量安全可追溯建设的财政补贴和技术支持等产业政策执行情况如何（“1”表示执行得非常差，“5”表示执行得非常好，“2、3、4”介于其中）

A. 1　B. 2　C. 3　D. 4　E. 5

8. 贵企业是否有过在食品安全事件发生时通过质量安全可追溯减少或消除责任的经历________

A. 是　　B. 否

9. 贵企业实施质量安全可追溯后，原料的质量安全状况的改善情况是________

A. 没有任何改善

B. 有一定改善，但不显著

C. 有显著改善

10. 贵企业实施的质量安全可追溯对上游供应商质量安全控制行为的影响情况是________

A. 无任何影响

B. 有一定影响，但不显著

C. 有显著影响

11. 贵企业是否会根据质量安全可追溯的结果对不同质量安全水平的投入品支付不同价格________

A. 是　　B. 否

12. 请对以下质量安全可追溯后向控制绩效可能影响因素的重要性程度进行评价（直接在数字上打钩，“1”表示不重要，“7”表示非常重要，其余数字位于其中）

影响因素	重要性程度						
政府对问题产品的惩罚强度	1	2	3	4	5	6	7
上游养殖户的养殖规模	1	2	3	4	5	6	7
政府给予的财政补贴	1	2	3	4	5	6	7
政府或行业组织提供的技术培训和指导	1	2	3	4	5	6	7
上游供应商的安全生产意识	1	2	3	4	5	6	7
政府整治和规范市场秩序的力度	1	2	3	4	5	6	7
其他（请填写________）	1	2	3	4	5	6	7

后　　记

本书是在博士论文基础上修改、完善形成的，是我人生中第一部学术专著，凝聚了多年来研究工作的心血，对个人来说弥足珍贵。回首过去，自己的研究工作一直都得到了导师、同学和家人的无私支持和帮助，才能取得今天的成绩，因此，在专著即将出版之时，需要对他们表示最由衷的感谢。

最需要感谢的无疑是四年学习中给予本人悉心指导的钱文荣教授和周洁红教授，两位导师从论文选题、结构框架、理论方法、数据调查等方面提出了诸多极为有益的意见和建议，并不厌其烦地对论文进行修改，才使我能高效地融入研究工作并顺利完成博士学位论文。此外，钱老师严谨、包容、豁达的治学态度和开阔的研究视野，周老师在学术研究中持之以恒、永不气馁的作风在我的脑海中打下了深深的烙印，两位导师必将成为今后学术研究生涯的榜样和力量。

其次要感谢黄祖辉教授、卫龙宝教授、陆文聪教授、韩洪云教授、靳相木教授、赵连阁教授等，他们或担任课程学习的任课教师，促使我巩固研究基础，给予我新的研究思路；或担任答辩委员会成员，帮助我找出论文的不足之处，并指明今后的研究方向。

同时还要感谢朝夕共处的师兄、师弟、师姐和师妹们，他们不止一次激发出我的研究灵感。在此特别要感谢姜励卿、王心良、郑黎义、蒋剑勇、郑阳、李宝扬、应一逍、卢海阳、李凯、鄢贞、刘青宇、胡亦俊等，他们都对我的论文提出了许多宝贵的意见，大家相互鼓励，共同成长。

最后要感谢岳父张晓明、岳母刘春兰两位大人，妻子张凡和儿子叶忻芃，他们给予我无怨无悔的支持，使我得以腾出时间和精力完成学业，并成为了我最坚强的后盾。

路漫漫其修远兮，吾将上下而求索。学术研究的道路任重道远，我将不负希望和重托，力争取得更大的成绩。

叶俊焘

2013年2月25日于杭州

图书在版编目（CIP）数据

猪肉加工企业质量安全可追溯行为及绩效研究：来自浙江、江西两省的实证研究/叶俊焘著.—北京：中国农业出版社，2013.12

ISBN 978-7-109-18674-3

Ⅰ.①猪… Ⅱ.①叶… Ⅲ.①猪肉-加工企业-供应链管理-质量管理-安全管理-研究-中国 Ⅳ.①F326.5

中国版本图书馆 CIP 数据核字（2013）第 288116 号

中国农业出版社出版

（北京市朝阳区农展馆北路 2 号）

（邮政编码 100125）

责任编辑　姚　红

中国农业出版社印刷厂印刷　　新华书店北京发行所发行

2013 年 12 月第 1 版　　2013 年 12 月北京第 1 次印刷

开本：850mm×1168mm　1/32　　印张：7.625

字数：210 千字

定价：30.00 元